AF375954

DE LA LÉGALITÉ

DES

DROITS D'ENREGISTREMENT.

PARIS, IMPRIMERIE DE P. DUPONT ET LAGUIONIE,
rue de Grenelle-St-Honoré, n. 55.

DE LA LÉGALITÉ

DES

DROITS D'ENREGISTREMENT,

D'APRÈS LES LOIS FISCALES,

MISES EN RAPPORT
AVEC LES LOIS CIVILES, DE PROCÉDURE ET DE COMMERCE.

PAR D. BONNIOT,

CI-DEVANT AVOCAT A LA COUR ROYALE DE BORDEAUX.

A LA MÉMOIRE DE H. H. PHILLIPS.

> *D'une mauvaise sorte d'impôt.* — Nous parlerons, en passant, d'un impôt établi dans quelques états sur les diverses clauses des contrats civils. Il faut, pour se défendre du traitant, de grandes connaissances, ces choses étant sujettes à des discussions subtiles. Pour lors le traitant, interprète des réglemens du prince, *exerce un pouvoir arbitraire sur les fortunes.*
> MONTESQUIEU, liv. XIII, chap. IX.

BIBLIOTHEQUE ROYALE

PARIS,

CHEZ DELAUNAY, LIBRAIRE,

AU PALAIS-ROYAL.

1832.

A MESSIEURS LES EMPLOYÉS

DE

L'ADMINISTRATION DE L'ENREGISTREMENT.

Je traite de la légalité des droits d'enregistrement, dans le but de démontrer que les contribuables et les employés de la régie ont également besoin de trouver dans les lois une sauvegarde contre l'arbitraire. Mon travail ne peut déplaire qu'aux partisans d'une fiscalité subversive de tout principe d'équité, de justice et d'ordre public, et, momentanément, aux employés qui jouissent des priviléges des hautes recommandations ou de la camaraderie.

Messieurs de l'administration qui voudront bien se donner la peine de lire ma brochure, ne traiteront point en ennemi un homme qui demande pour eux qu'une loi garantisse leur existence, leur avénir, leur honneur, des caprices de l'arbitraire.

Les trouver dignes d'un ordre légal, c'est reconnaître en eux cette vertu qu'Aristote déclarait ne pouvoir pas exister chez des esclaves; c'est leur donner la preuve de l'estime qu'on ne saurait refuser au plus grand nombre.

Les receveurs de l'enregistrement n'offrent point, comme sous l'empire, le ridicule d'avoir un sabre au côté, et une plume à la main, lorsqu'ils ont à interpréter des actes et des lois civiles; mais, le défaut d'une organisation légale, prescrite par l'art. 71 de la loi du 22 frimaire an 7, a laissé subsister ce régime militaire établi sous l'empire et conservé sous la restauration, même pour les fonctionnaires publics chargés du pouvoir judiciaire et de la répartition des impôts. Ainsi, au lieu d'une loi, c'est la volonté arbitraire d'un chef qui prescrit des devoirs et reconnaît des droits. Or, comme l'ordre dans l'administration dépend du respect dû à l'arbitraire de cette volonté, il faut reconnaître l'infaillibilité de ce chef, c'est-à-dire le principe de tout despotisme, et, par suite, une hiérarchie de volontés infaillibles, de manière à ce que le supérieur soit toujours pour l'inférieur une loi vivante. Ayez raison contre un chef, vous êtes destitué ou changé de résidence. Je veux prouver que cet arbitraire, qui convertit en machine fis-

cale les employés de la régie, pèse sur les contribuables.

Je ne doute pas des grandes capacités qui ont, jusqu'à présent, éclairé et dirigé l'administration; mais je suis obligé de reconnaître qu'on a toujours pensé que, pour élever les recettes du budget, il fallait exiger des employés une obéissance passive; qu'on a, par conséquent, redouté de leur donner une existence assurée, qui leur aurait permis de se servir de leurs lumières et de leur conscience contre l'injuste èt l'arbitraire. Si je dis, d'après Montesquieu, que la perception des droits d'enregistrement confère au fisc un pouvoir arbitraire sur les fortunes, pouvoir consacré par l'art. 28 de la loi du 22 frimaire an 7, les employés ne me sauront pas mauvais gré de conclure pour leur indépendance, au lieu de conclure, comme le fait Montesquieu, contre l'impôt, duquel dépend leur existence.

Il ne m'appartient pas de me montrer officieux pour des employés supérieurs qui doivent avoir assez de crédit ou assez d'indépendance pour faire de l'ordre légal la condition de leur position administrative; mais on devra un peu de déférence à celui qui prouve que les attributions de l'art. 63 de la loi du 22 frimaire an 7, doivent être conférées à un conseil d'administration, offrant toutes les garanties du conseil d'état légalement constitué.

J'ai été receveur de l'enregistrement dans plusieurs départemens; mes relations avec cinq directeurs et plusieurs employés supérieurs m'ont mis à même de pouvoir, pendant douze ans, recueillir tous les documens nécessaires à la solution des questions de personnes et de choses. Je suis obligé de l'avouer, c'est plutôt par affection pour d'anciens camarades que par conviction que je défends les prérogatives de l'administration. J'ai pu, comme certains de nos hommes d'état, prendre Montesquieu pour précepte, et l'Angleterre pour exemple; or, les tarifs anglais m'ont convaincu qu'il serait facile de substituer les droits de timbre aux droits d'enregistrement.

AVANT-PROPOS.

L'ordre légal dans l'établissement et la perception de l'impôt est le premier besoin d'un gouvernement constitutionnel.

Les droits sur certains contrats confèrent au fisc un pouvoir arbitraire sur les fortunes. (*Montesquieu.*)

Comment concilier cet arbitraire avec notre ordre légal?

La loi du 22 frimaire an 7, qui établit les bases et détermine les règles d'après lesquelles les droits d'enregistrement doivent être perçus, impose des choses qui tiennent leur existence de nos lois civiles : il résulte de là que l'impôt a été créé avant l'objet imposable.

Comment appliquer les lois fiscales aux contrats et transmissions qui, depuis l'an 7, ont changé de nature, ou qui, à cette époque, ne pouvaient pas être supposés devoir exister ?

Nul impôt, s'il n'est établi et perçu en vertu d'une loi; l'art. 63 de la loi du 22 frimaire an 7 détermine les limites du pouvoir de la régie : le pouvoir judiciaire doit seul prononcer sur les procès entre la régie et les contribuables. (Art. 65 de la même loi.)

Quelle autorité reconnaître à des instructions, décisions administratives et à des avis du conseil d'état, qui prescrivent et établissent des droits d'enregistrement?

L'administration de l'enregistrement qui, d'après l'art. 71 de la loi du 22 frimaire an 7, devrait être organisée en vertu d'une loi; a-t-elle des pouvoirs en harmonie avec cet ordre légal qui doit soustraire les contribuables à l'arbitraire exercé par un esprit de fiscalité?

Une amélioration dans notre système financier nécessite la solution de ces diverses questions.

Constater l'état de notre législation sur l'enregistrement; grouper les faits qui doivent justifier une amélioration, de manière à ce qu'on puisse créer, vérifier toutes sortes de systèmes; tel est le premier travail auquel on doit se livrer.

Des actes et transmissions, que les modifications du droit de propriété multiplient à l'infini selon la nature des différens contrats, rendent ce travail d'autant plus difficile, que les actes et transmissions sont grevés d'impôt tantôt selon les objets, tantôt selon les causes qui constituent leur existence.

Comment concilier la spécialité qui se rattache à tout examen de faits, avec cet esprit de généralité qui doit présider à la rédaction des lois?

Il existe des principes et des besoins d'ordre légal auxquels se rattachent tous les faits, tous les systèmes. Pour n'importe quel impôt, le contribuable doit être toujours sous la sauvegarde de la loi. L'arbitraire du magistrat serait une tyrannie. Les droits d'enregistrement doivent être perçus d'après des faits incontestables, sur des choses indubitablement établies : la régie, les tribunaux, n'ont à s'occuper que des rapports qui existent entre les faits, les choses, et la loi qui les frappe d'impôt.

C'est d'après ce principe que tous les procès, en matière d'enregistrement, relèvent de la cour de cassation.

Dans un pays comme la France, où toutes les libertés politiques dépendent de l'établissement des impôts, la constitution de l'état devrait reposer sur le système financier qui serait le plus favorable à ces libertés.

Si l'impôt réparti par l'autorité législative entre les départemens, était ensuite réparti par les élus des contribuables entre les arrondissemens, puis entre les communes et les individus, cet impôt qu'on nomme de répartition, serait le plus conforme à notre ordre légal.

Pour coopérer à l'établissement de l'impôt, il ne suffit pas de nommer les députés qui votent la masse ou qui déterminent les quotités des charges que nous devons supporter; il faut encore que la quotité d'impôt affectée à chaque contribuable soit déterminée par ses élus ou ses juges naturels.

Ne concluons pas de là que le mode de perception d'après lequel l'agent du fisc s'adresse directement aux individus ne puisse pas être pratiqué sans porter atteinte aux droits que les citoyens ont de coopérer à l'établissement des impôts : on peut tirer une autre conclusion et voici comment. Pour l'impôt de quotité, il ne s'agit plus, comme pour l'impôt de répartition, de déterminer la quote-part afférente à chaque contribuable dans une masse d'impôt, mais il s'agit d'examiner si chaque contribuable réunit les conditions qui rendent passible d'impôt. Si l'établissement de l'impôt dépend de l'appréciation de certaines conditions, examinons si ces conditions peuvent être appréciées conformément aux principes de notre constitution.... Ces conditions sont ordinairement des faits : pour la contribution personnelle, il s'agit, par exemple, d'examiner si un individu réside dans une commune, jouit de certains droits, etc : or, les faits qui servent de base à l'établissement d'un impôt de quotité peuvent être définis de la même manière que s'ils donnaient lieu à l'application d'une peine. Les lois fiscales sont, comme les lois pénales, des lois de rigueur. Ainsi, nulle peine, nul impôt, sans l'application rigoureuse de la loi faite par des magistrats ou jurés. Les principes du droit politique d'après lesquels on inflige des pénalités, doivent servir à établir les impôts de quotité.

L'impôt de quotité peut donc coïncider avec

notre ordre légal, si les faits ou les conditions déterminées par la loi et qui lui servent de base sont vérifiés et appliqués aux individus par les citoyens qui, d'après la charte, doivent prononcer sur la vie ou sur la fortune de tout Français.

Pour apprécier n'importe quel mode de perception, nous devons donc distinguer trois choses dans l'établissement des impôts ;

1° Fixation de la masse ou de la quotité des impôts par la loi ;

2° Fixation de la quote-part de l'impôt de répartition afférente à chaque contribuable, ou application à chaque individu des conditions légales qui rendent imposable de l'impôt de quotité;

3° Perception de l'impôt par l'agent du fisc.

Le pouvoir législatif fixe la masse ou la quotité des impôts à percevoir.

Le pouvoir exécutif est chargé du recouvrement des impôts.

Pour déterminer un quote-part d'impôt, pour apprécier les conditions légales qui rendent imposable, il faut faire l'application des lois, il faut créer la chose jugée pour chaque contribuable. Or, l'autorité de la chose jugée qui résulte de l'application des lois, ne peut émaner ni du pouvoir législatif ni du pouvoir exécutif.

D'après notre ordre légal, il n'y aurait peut-être pas d'inconvénient, si l'impôt était réparti, ou si les conditions qui rendent imposable étaient appréciées par le pouvoir législatif, parceque les députés représentent les contribuables ; tandis qu'il y aurait oppression si le pouvoir exécutif était chargé de répartir l'impôt ou d'apprécier les conditions qui rendent imposable. Il n'y a point de liberté, a dit Montesquieu, si le pouvoir exécutif applique et exécute la loi. Un impôt, pour être exigible, s'il est de répartition, doit être réparti par les élus des contribuables ; s'il est de quotité, les conditions légales qui lui servent de bases doivent être appliquées à chaque individu par des magistrats ou des jurés ; parce que, pour toutes perceptions d'impôt, il faut faire la loi, appliquer la loi, exécuter la loi.

Si, pour certains impôts de quotité, il n'est pas possible de savoir, avant la perception, ce que le contribuable devra payer, l'agent du fisc peut s'adresser directement à l'individu et demander la contribution qu'il fait résulter de certaines conditions légales dont il devient l'appréciateur ; mais, alors, on peut supposer un accord entre le contribuable et le fisc. A défaut de cet accord, la perception devrait être suspendue, jusqu'à ce qu'un pouvoir médiateur ait fait une juste application de la loi. Dans ce dernier cas, le fisc ne peut que prendre ses précautions contre la fraude ou la mauvaise foi. Ce pouvoir est exercé en matière de douane, d'octroi, de contributions indirectes, par des jurés ou par des experts ; l'art. 28 de la loi du 22 frimaire an 7, qui ne laisse au contribuable que la faculté de se pourvoir, à ses frais, en restitution contre des exigences illégales, confère donc à la régie de l'enregistrement un pouvoir arbitraire, que les autres administrations n'ont point osé demander au législateur. Ce pouvoir peut devenir d'autant plus odieux, que l'administration de l'enregistrement ne peut ni résister à des ordres illégaux, ni offrir des garanties dans ses agens.

Peut-elle résister à des ordres illégaux, lorsque la solution des difficultés relatives à la perception des droits d'enregistrement, que lui attribuait l'art. 63 de la loi du 22 frimaire an 7, appartient de fait à des ministres.

Quelle garantie trouver dans une administration qui n'est pas organisée en vertu d'une loi, comme le prescrit l'art. 71 de la loi du 22 frimaire an 7.

Des employés imbus de fiscalité par intérêt et par devoir, auxquels on a appliqué la maxime écrite dans le testament politique du cardinal de Richelieu, qui prescrit de ne pas se servir de celui qui a le malheur d'être honnête homme; des employés sous de telles influences ne sauraient être les juges des contribuables.

Il y a dans les états modérés un dédommagement pour la pesanteur des tributs. C'est la liberté: il n'y a plus de liberté, si l'agent du fisc applique et exécute les lois de finances. (*Montesquieu.*)

Pour établir l'ordre légal dans la perception des droits d'enregistrement, il faut distinguer les dispositions légales qui déterminent le mode d'asseoir l'impôt, des dispositions qui fixent la quotité des droits, parceque le mode d'assiette peut être toujours le même, tandis que les tarifs doivent, nécessairement, varier selon les besoins de l'état. Or, ces deux choses sont confondues dans les lois d'enregistrement.

2° Les lois qui déterminent l'assiette des droits d'enregistrement doivent être en harmonie avec les lois qui règlent la nature des actes et transmissions de propriété. Les personnes et les choses ne changent pas de nature pour être grevées d'impôt, elles existent, indépendamment des charges qui leur sont imposées ; n'en serait-il pas de même pour les clauses des contrats passibles de droits d'enregistrement? Oui, sans doute; car, si la loi fiscale devait déterminer la nature des contrats, on contracterait plutôt pour le fisc que pour soi-même; ou, si le même contrat devait être défini d'après nos codes pour régler les droits des parties, et d'après les lois fiscales pour la perception des droits d'enregistrement, il en résulterait que le même contrat, la même transmission de propriété auraient deux natures différentes : le contribuable qui doit payer en raison des avantages que lui procure une transaction paierait pour des avantages qu'il ne pourrait pas obtenir en vertu de nos lois civiles.

Les droits d'enregistrement doivent donc être établis sur les actes et transmissions de propriété, tels qu'ils sont déterminés par les lois qui les régissent. Or, ce n'est point ainsi que sont établis et perçus les droits d'enregistrement.

3° Les droits d'enregistrement étant un impôt de quotité, l'agent du fisc doit s'adresser directement au contribuable. Comme on ne peut pas, avant la perception, apprécier les conditions légales qui donnent lieu à la perception des droits ; si, contre la liquidation des droits faite par l'agent du fisc, le contribuable réclame, la régie doit suspendre la perception : la loi doit seulement lui offrir des garanties contre la fraude et la mauvaise foi du contribuable. Le sursis à la perception ne doit avoir lieu que pour l'intervention de ce pouvoir qui, par une juste application de la loi, prononce entre le contribuable qui résiste et le fisc qui exige. -

Comme il faut une grande connaissance des lois pour apprécier les conditions légales qui rendent passible des droits d'enregistrement, ce pouvoir intermédiaire doit être confié à des jurisconsultes éprouvés : il importe fort peu aux contribuables que ces jurisconsultes soient gradés par la faculté; l'essentiel est qu'ils ne puissent pas être accusés d'ignorance ou de partialité. Dans tous les cas, l'agent du fisc chargé de s'adresser directement au contribuable devrait être dégagé de tout esprit de fiscalité, sachant analyser les contrats, distinguer ce qui est de leur nature des choses qui leur sont accidentelles; enfin, il devrait être sans partialité et indépendant. Par cela qu'il est chargé de faire l'application des lois aux différentes transmissions de propriété, on ne doit point astreindre ses jugemens à cette discipline bureaucratique qui substitue le vouloir d'un maître à toute légalité. Or, des employés de la régie ont souvent à opter entre leur conscience qui prescrit la légalité et leurs chefs qui, sous peine de disgrace, les obligent à prendre pour loi des abus de pouvoir.

4° Il faut aussi chercher des garanties contre l'arbitraire dans la composition de l'administration : comme tout pouvoir exécutif doit avoir une réunion d'hommes éclairés pour conseiller, diriger, l'administration pourrait conserver les attributions que lui confère l'article 63 de la loi du 22 frimaire an 7; mais cette réunion d'hommes éclairés devrait offrir toutes les garanties du conseil d'état légalement constitué.

Les employés devraient, conformément à l'article 71 de la loi du 22 frimaire an 7, avoir une existence légale; si l'on substituait la loi à l'arbitraire qui dispose de leur sort, ils ne céderaient plus à cette crainte de perdre leur place, qui commande le déshonneur ; ils ne se livreraient plus à cette espérance d'avancement qui nécessite des bassesses. Une ordonnance ne pourrait plus enlever à leurs veuves, à leurs orphelins, le morceau de pain qui est le prix de leur existence, consumée au service de l'état. Cessez de plier des subordonnés aux exigences d'une hiérarchie administrative, qui, pour être infaillible, se joue de l'honneur, de la probité ; cessez de mépriser la fortune et les personnes des employés, vous rétablirez alors dans l'administration cette sécurité nécessaire à l'homme pour être vertueux, car il faut être vertueux sous un gouvernement constitutionnel. Plus de hiérarchie administrative en considération des personnes; plus de notes secrètes, véritables délations ; plus de retenues, plus de condamnations, plus de destitutions sans loi. Que les devoirs ne soient plus une redevance payée à la paresse, à la vanité des supérieurs ; et alors disparaîtra tout ce qui corrompt, tout ce qui avilit, tout ce qui dégrade des subordonnés.

5° Par la raison qu'il n'existe aucun rapport entre la perception des droits d'enregistrement, sauf la légalité de l'impôt, et les différens systèmes politiques mis en question, les employés ne doivent être soumis à aucune influence de parti; ils ne doivent pas être comptables envers un ministre des opinions qu'ils professent en leur qualité de citoyens. Pendant les quinze années de la restauration, des employés, avec le seul titre de *gens bien pensans*, ont pu parvenir aux grades supérieurs, obtenir des décorations, et même, si l'on consulte l'annuaire administratif de leur département, ils ont trouvé le secret de se faire anoblir : partisans et exécuteurs zélés des circulaires électorales du ministère Polignac et plus tard enthousiastes de la révolution de juillet, ils ont offert dans leurs postes élevés le spectacle d'une girouette sur un clocher. Il est temps qu'une loi leur donne

un peu de fixité; ils ont assez indiqué d'où souf-
flait le vent de la faveur : qu'ils n'aient plus à présent que des garanties de légalité à offrir aux contribuables!

Si, d'après Montesquieu, le fisc exerce un pouvoir arbitraire au point de faire considérer les
droits d'enregistrement comme étant un impôt
auquel tout autre doit être préférable, nous ne
craignons pas d'affirmer, qu'il est possible de tem-
pérer, de détruire cet arbitraire, et de rendre conformes à notre ordre légal des lois qui offrent de
grandes ressources à l'état.

Prouver comment on peut tirer parti d'une législation défectueuse pour maintenir des principes
de légalité dans la perception des droits d'enregistrement; démontrer comment on peut améliorer
cette législation qui substitue l'arbitraire du fisc à
une juste application de la loi, n'est-ce pas fournir
les élémens de légalité que réclament les besoins
de notre époque.

Nous voulons répondre aux désirs des jurisconsultes, des publicistes qui éprouvent le besoin
d'avoir sous un seul point de vue des règles déterminées, soit pour critiquer notre système financier,
soit pour lutter contre l'esprit de fiscalité de la régie.

Si l'on peut, en lisant notre brochure, parcou-
rir, avec nous et sans confusion d'objets, toutes
les transactions, tous les incidens de la vie qui di-
versifient les intérêts de l'homme, et indiquer la
place que chaque article de nos codes doit occu-

per dans les tarifs des droits, notre but sera rempli.
Avons-nous manqué de logique pour démon-
trer le véritable sens de nos lois; n'avons-nous pas
eu le courage d'attaquer l'arbitraire, qu'on soit
pour nous sans indulgence, et qu'on fasse pour
l'ordre légal plus que ce que nous désirons faire,
nous ne porterons point envie à ceux qui obtien-
dront plus que nous de leur amour des lois et
de la patrie.

BIBLIOTHÈQUE

DE LA LÉGALITÉ

DES

DROITS D'ENREGISTREMENT,

D'APRÈS LES LOIS FISCALES,

MISES EN RAPPORT AVEC LES LOIS CIVILES DE PROCÉDURE ET DE COMMERCE.

~~~~~~

CHAPITRE PREMIER.

LES DROITS ÉTABLIS EN VERTU D'UNE LOI, DOIVENT ÊTRE PERÇUS D'APRÈS L'ESSENCE ET LA NATURE DES ACTES, ET TRANSMISSIONS DE PROPRIÉTÉ.

Il ne suffit pas qu'un impôt soit devenu nécessaire, qu'il soit fondé sur les besoins de l'état; il faut encore qu'il soit établi et perçu en vertu d'une loi.

Ce principe, consacré par la Charte, indique suffisamment à quelle source se puisent la gloire, la grandeur, la puissance de l'état.

Aucun impôt ne peut être établi ni perçu, s'il n'a été consenti par les deux chambres, et sanctionné par le roi. (Art. 38 de la Charte.)

2.
~~~~~~

L'impôt foncier n'est consenti que pour un an : les impositions indirectes peuvent l'être pour plusieurs années. (Art. 39.)

Toutes contributions directes et indirectes, autres que celles autorisées, sont interdites à peine, contre l'autorité qui l'ordonnerait et l'employé qui en ferait le recouvrement, d'être poursuivis comme concussionnaires, sans préjudice de l'action pendant trois ans, et, sans que, pour exercer cette action, il soit besoin d'une autorisation préalable. (Lois des finances, inst. 1288, 899.)

Selon les différens systêmes de gouvernement, la régie a établi des droits des mesures fiscales en vertu de décrets, de réglemens, d'ordonnances.

On a d'abord suivi un régime légal ; puis, sous l'empire, le maître ayant parlé, et les tribunaux ayant pris pour loi la volonté du maître, la régie se joua de la loi, et la cour de cassation, docile au pouvoir, prit pour jurisprudence les décisions de l'administration rendues en mépris de ses propres arrêts. Pendant la restauration on profita des décrets et d'une jurisprudence corrompue, mais on reconnut l'inconstitutionnalité de substituer aux lois des décrets, des réglemens, des ordonnances; on eut, alors, soin de se procurer du pouvoir législatif une ratification tacite de tout ce qu'il pouvait y avoir d'inconstitutionnel (dans la perception de l'impôt. Si la régie de l'enregistrement a exigé des droits et prescrit des mesures fiscales en vertu de décrets, de réglemens, d'ordonnances, elle est

justifiée de toute inconstitutionnalité par l'article
72 de la loi du 15 mai 1818 ; ainsi conçu :

« Les droits d'enregistrement, de timbre, de
» greffe, d'hypothèque, de passeport et permis de
» port d'armes, et le décime pour franc sur ceux
» de ces droits qui n'en sont pas affranchis, conti-
» nueront d'être perçus conformément aux lois,
» ordonnances, réglemens et décrets existans.

Les cours royales ne connaissent pas des procès
en matière d'enregistrement : des tribunaux de
première instance, les affaires se portent à la cour
de cassation. Les règles relatives à l'autorité de la
chose jugée, et les usages de palais, en fait de jurisprudence, sont en pratique et ne souffrent aucune exception en matière d'enregistrement.

Il est fâcheux néanmoins qu'on puisse être
poursuivi par la régie pour le paiement d'un droit
qu'un tribunal et que la cour de cassation ont reconnu n'être pas dû. Qu'il y ait exemption du
droit pour un contribuable, ou poursuite injuste
contre un autre contribuable, il y a toujours scan-
dale.

Le pouvoir exécutif en France a, de tout temps,
traité le pouvoir judiciaire en ennemi : toujours
avide des prérogatives de la magistrature, il a,
souvent, ou éludé, par des conflits, l'exécution des
arrêts, ou porté atteinte à la considération des
magistrats par des réprimandes.

On a voulu substituer, pour bien des choses de

l'ordre judiciaire, les conseils de préfecture et le conseil d'état aux tribunaux et aux cours royales. On peut donc voir, avec peine, la régie de l'enregistrement affecter du mépris pour des arrêts de la cour de cassation : voici ce qu'on lit au bas d'un arrêt rapporté dans l'instruction, n° 1370; § 3.

« L'arrêt ci-dessus transcrit ne paraissant pas » susceptible de former jurisprudence, les prépo- » sés continueront dans les cas de l'espèce jugée, à » percevoir le droit de 4 pour cent. »

Nous n'examinons pas le bien ou le mal jugé de la cour; mais, dans un pays où tous les citoyens doivent également supporter les charges de l'état, il y a, en vertu d'un arrêt, exemption, pour un contribuable, d'un droit exigé par la régie des autres contribuables : ainsi tout contribuable qu'un intérêt trop minime ne portera pas à plaider pourra croire payer un impôt illicite.

Ces luttes, entre le pouvoir exécutif et le pouvoir judiciaire sont toujours funestes à la liberté. Si on aime cette liberté, pourquoi, lorsque la loi de budget est, pour ainsi dire, une révision annuelle de nos lois de finances, ne fait-on pas résoudre toutes les questions d'impôt par les chambres. Le contribuable ne doit avoir ni décisions administratives ni jurisprudence à prendre pour loi d'impôt.

Les solutions des ministres, en matière d'impôt, sont des avis, des conseils pour les contribuables, des ordres pour les administrations financières, si ces ordres ne sont pas contraires à la Charte et aux lois du royaume. (Avis du conseil d'état du 12 thermidor an 12, approuvé le 25, cité par Locré, tome 11, page 32, et par Toullier, tome 1er, page 50. Loi du 31 août 1830.) (1)

Les droits d'enregistrement, considérés comme impositions indirectes, peuvent être établis pour plusieurs années; néanmoins, il est d'usage de ne mettre en vigueur, par les lois de budget, les lois sur l'enregistrement que pour un an.

L'impôt établi sur les diverses clauses des contrats civils confère au fisc un pouvoir arbitraire sur les fortunes (Montesquieu). Il faut, en effet, aujourd'hui autant de connaissances qu'il en fallait autrefois pour se défendre des traitans ; nulle part notre législation n'offre autant de discussions subtiles, autant d'interprétations erronnées : tantôt, ce sont des perceptions qu'on veut établir par analogie ; tantôt, ce sont des distinctions qui ne résultent pas de la loi : le fisc se joue de la nature des contrats pour grossir ses recettes, il perçoit des impôts qui ne sont pas établis par la loi.

Enfin, l'arbitraire qu'il exerce est justifié par l'opinion d'un savant jurisconsulte que M. Toul-

______

(1) M. le Garde des sceaux a reconnu, par une décision du 26 avril 1831, que, le serment exigé par la loi du 31 août 1830 étant purement politique, les préposés n'étaient point dispensés, en le prêtant, de faire, en vertu de la loi organique du comité de finances du 1er juin 1791, le serment spécial de remplir avec fidélité leurs fonctions. (Instructions, n° 1364.)

lier accuse de fiscalité. (M. Merlin voulait établir des impôts par analogie, Répertoire de jurisprudence, au mot *bail verbal.*) Cet arbitraire n'est pas un crime dont on puisse accuser les employés, il résulte de la nature des choses.

Les impôts, en général, grèvent des personnes ou des choses ; les droits d'enregistrement sont perçus sur des contrats, ou pour toutes transmissions de propriété : les contrats, les transmissions de propriété, tiennent leur existence de nos lois civiles ; mais la loi du 22 frimaire an 7, qui détermine les règles d'après lesquelles les droits d'enregistrement doivent être perçus, étant antérieure à nos codes, il en résulte qu'elle grève des transmissions et des contrats qui n'existent plus, ou qui ont changé de nature, tandis qu'elle ne saurait être appliquée à des transmissions, à des contrats qui, en l'an 7, ne pouvaient pas être supposés devoir exister. Lorsqu'on détermina les bases de perception des droits d'enregistrement on ignorait, par exemple, que l'article 756 du code civil refuserait aux enfans naturels la qualité d'héritiers ; que l'article 1048 rétablirait des substitutions abrogées par les décrets des 25 octobre et 14 novembre 1792, et par l'article 53 du décret du 22 ventose an 2. On ignorait que d'après l'article 883 il ne résulterait aucune transmission de propriété de cohéritier à cohéritier, dans les partages et licitations des successions ; que l'obligation de livrer serait parfaite par le seul consentement des parties, art. 1138. On ignorait que les fonctions d'avoués, supprimées par la loi du 3 brumaire an 2, seraient rétablies près des tribunaux par la loi du 29 ventose an 8; que, par conséquent, plusieurs dispositions de la loi du 22 frimaire an 7 et du 27 ventose an 9, seraient sans objet, ou n'auraient plus la même application. Comment, en effet, appliquer l'art. 12 de la loi du 27 ventose an 9, depuis la promulgation de l'art. 1138 du code civil. L'art. 68. § 1, n° 24, de la loi du 22 frimaire an 7, a-t-il le même objet depuis l'existence de l'art. 709 du code de procédure? Quel droit imposer aux enfans naturels, qui viennent seuls à la succession de leurs pères et mères? Pourquoi percevoir un droit de transmission de propriété pour des transmissions qui n'existent pas d'après l'art. 883 du code civil.

Cette incohérence de dispositions législatives, provenant de nos lois fiscales et de nos lois civiles, fait méconnaître la nature des transmissions de propriété, donne lieu à des interprétations de contrats qui ne conviennent pas à la matière de ces contrats, et souvent contraires à la commune instruction des parties. De cette incohérence résultent des perceptions illicites.

De la nature des contrats.

Les personnes et les choses ne changent point de nature, pour être grevées d'impôt; elles existent indépendamment des charges qui leur sont imposées : n'en serait-il pas de même pour les clauses des contrats passibles de droits d'enregistrement ? Oui, sans doute ; car, si la loi fiscale devait déterminer la nature des contrats, on contracterait plutôt pour le fisc que pour soi-même : ou, si le même contrat devait-être défini d'après nos codes pour régler les droits des parties, et d'après les lois fiscales pour la perception des droits, il en résulterait que le même contrat, la même transmission de propriété, auraient deux manières d'être, deux natures différentes : le contribuable, qui doit payer en raison des avantages que lui procure une transmission, paierait pour des avantages qu'il ne pourrait pas exercer d'après nos lois civiles.

Il faut laisser régler la nature des contrats d'après les lois civiles, et percevoir les droits d'après les lois fiscales.

Qu'a-t-on voulu rendre passible de droits d'enregistrement ? Les clauses des contrats. Quelle loi détermine la nature des contrats ? qui fait connaître les effets qu'ils doivent produire ? C'est la loi civile. Nous pouvons donc dire : les clauses des contrats, régies par la loi civile, sont passibles de droits d'enregistrement. Comment sont-ils passibles de droits d'enregistrement ? L'art. 2 de la loi du 22 frimaire an 7 répond à cette question : elles sont passibles des droits d'enregistrement *suivant leur nature.*

Ce principe reprend toute sa force dans les nouvelles lois sur l'enregistrement : l'art. 3 de la loi du 16 juin 1824 soumet aux droits de 1 p. o/o et 25 c. p. o/o, les donations faites conformément aux art. 1075 et 1076 du code civil; l'article unique de la loi du 8 septembre 1830 dispense du droit proportionnel les prêts sur dépôts, en indiquant l'art. 95 du code de commerce. La loi fiscale, en rappelant ainsi les lois qui régissent la nature des actes qu'elle impose, devient intelligible à tout le monde. Tous les procès suscités et perdus par la régie au sujet des donations portant partage, prouvent que ce mode ne lui convient pas, parce qu'il faut lire la loi civile au lieu de lire la loi fiscale; enfin, sachons gré au législateur d'avoir fait le premier pas qui doit nous mener à une amélioration. Disons au fisc : les art. 1075 et 1076 du code civil comprennent toutes les démissions de biens faites par des ascendans, n'importe comment, et à quelles conditions.

Subtilisez, distinguez, persévérez contre les arrêts de la cour de cassation ; quant à nous, nous nous reposons sur le bien jugé des arrêts du 28 avril 1829, 29 mars et 1er décembre 1830, et nous demanderons au législateur de faire reconnaître, par la régie, que les actes et transmissions sont passibles de droits suivant leur nature déterminée par les lois qui les régissent. On ne fera, sans doute, pas comme dans l'heureux temps de la fiscalité, on ne corrigera pas la jurisprudence par des avis du conseil d'état, et on ne substituera pas à la loi des ordonnances.

L'oubli de ces principes est une des causes de l'arbitraire, avec lequel le fisc perçoit des droits. Un jurisconsulte, qui ne s'est pas occupé de nos lois fiscales, peut, d'après ses connaissances en droit, analyser un acte. Son analyse lui fera distinguer les choses qui sont de la nature du contrat des choses qui sont accidentelles dans le contrat. Il dira : par sa nature le contrat est une vente, ou une donation, etc.; ce contrat contient, de plus, une clause accidentelle, qui est telle ou telle autre stipulation. Son analyse, faite d'après les lois civiles, ne saurait être critiquée par le receveur; mais, comme le receveur connaît mieux les tarifs que le jurisconsulte, celui-ci doit exiger du premier l'article de la loi fiscale en vertu duquel il va soumettre telle clause à tel droit, parce qu'en France nul impôt, s'il n'est établi en vertu d'une loi. J'ai souvent rencontré des jurisconsultes qui passaient condamnation au vu d'une décision du ministre; il en serait autrement pour le jurisconsulte qui dirait : il m'appartient d'interpréter l'acte, tandis qu'il est du devoir du ministre de me faire connaître la loi en vertu de laquelle il ordonne à ses employés de percevoir un impôt.

Comme au dix-septième siècle, les jurisconsultes distinguent trois choses dans chaque contrat; celles qui sont de l'essence du contrat; celles qui sont seulement de la nature du contrat, et celles qui sont purement accidentelles au contrat. Les choses qui sont de l'essence du contrat, sont celles sans lesquelles ce contrat ne peut subsister. Faute de l'une de ces choses , ou il n'y a pas du tout de contrat, ou c'est une autre espèce de contrat. (Pothier.)

Les choses qui sont seulement de la nature du contrat, sont celles qui, sans être de l'essence du contrat, font partie du contrat, quoique les parties contractantes ne s'en soient point expliquées, étant de la nature du contrat que ces choses y soient renfermées et sous-entendues. Tout ce qui est de l'essence et de la nature du contrat constitue le contrat, et n'est passible que d'un seul droit d'enregistrement. Ainsi, les actes et clauses qui font partie de certaines donations et de certains testamens, résultant des articles 548, 397, 1025,1075 du code civil, ne sauraient être passibles d'un droit particulier.

D'après l'art. 1337 du code civil, les époux peuvent faire, comme ils le jugent à propos, leurs conventions matrimoniales ; ils peuvent soumettre leur société au régime dotal ou à celui de la communauté; l'un ou l'autre de ces deux régimes adopté sans modification, se trouve régi par le code civil. Quant aux modifications que les conventions des époux peuvent apporter à ces deux régimes, elles sont de deux espèces; les unes prévues par le code; les autres qui résultent de la latitude accordée aux époux par l'art. 1387 du code

civil. Les modifications prévues par le code sont
des conseils offerts par la sagesse des législateurs
à tous les citoyens, et qui les dispensent de prendre
un conseil étranger.S'ils veulent déroger à la communauté légale, il leur suffit d'exprimer les modifications qu'ils veulent faire ; or , ces modifications
rentrent dans la nature du contrat de mariage et
ne donnent lieu à aucun droit particulier d'enregistrement. Ainsi, les clauses qui réduisent la communauté aux acquêts, qui excluent de la communauté le mobilier en tout ou partie, la clause d'a-
meublissement ; la clause de séparation des dettes;
la faculté accordée à la femme de prendre son apport franc et quitte ; le préciput conventionnel ;
les clauses par lesquelles on assigne à chacun des
époux des parts inégales dans la communauté ; la
stipulation de la communauté à titre universel;
les conventions exclusives de la communauté ; la
clause portant que les époux se marient sans communauté ; la clause de séparation de biens ; la stipulation du régime dotal ; la constitution de dot,
la stipulation de biens paraphernaux ; enfin toutes
les stipulations relatives soit à la communauté
conventionnelle, soit au régime dotal, étant de la
nature du contrat de mariage, ne donnent lieu à
aucun droit particulier comme dispositions indépendantes ; les contrats de mariage renfermant ces
clauses ne sont passibles que d'un seul droit fixe,
art. 68 de la loi du 22 frimaire an 7, et 45 de la loi
du 28 avril 1816, et, soit pendant le mariage soit à

la dissolution du mariage, elles ne sauraient opérer entre époux une transmission de propriété quelconque passible du droit proportionnel.

Les choses qui sont accidentelles au contrat, sont celles qui, n'étant pas de la nature du contrat, n'y sont renfermées que par quelque clause particulière ajoutée au contrat.

Les choses qui sont accidentelles au contrat sont passibles d'un droit particulier, si elles résultent de dispositions indépendantes ou ne dérivant pas nécessairement du contrat. (Art. 11 de la loi du 22 frimaire an 7.)

Les choses accidentelles au contrat, pouvant faire un contrat à part, doivent être passibles d'un droit particulier. L'article 11 cité a voulu consacrer ce principe; mais les rédacteurs des lois d'enregistrement, qui affectent une manière, qui leur est propre, de parler et d'écrire le droit, ont dédaigné des expressions consacrées par l'expérience des jurisconsultes pour rédiger ainsi cet article 11 :

« Sont passibles d'un droit particulier les dispo-
» sitions indépendantes ou ne dérivant pas néces-
» sairement les unes des autres. »

La stipulation de cautionnement, par exemple, peut devenir passible d'un droit particulier comme chose accidentelle au contrat d'où résulte l'obligation garantie; la stipulation de cautionnement n'est cependant pas une disposition indépendante de l'obligation principale, puisque le cautionnement, étant obligation accessoire, dépend entièrement de l'obligation principale. Il en est de même · de toutes les obligations accessoires d'obligations principales. Ainsi, l'article 69, § 2, n° 8, de la loi du 22 frimaire an 7, qui impose des dispositions accessoires qui dépendent de dispositions principales, ne paraît pas être une conséquence immédiate du principe général consacré par l'article 11 cité. De là résulte la confusion d'idées avec laquelle la régie analyse certains contrats. L'article 69 impose d'un droit particulier les cautionnemens de sommes et objets mobiliers, et les garanties mobilières. La régie a donc intérêt à distinguer les obligations accessoires d'où résultent les cautionnemens et les garanties mobilières, des obligations principales desquelles elles dépendent; mais l'article 69 n'impose pas d'un droit particulier les garanties personnelles autres que le cautionnement, ni les garanties immobilières; pour ces derniers cas la régie se garde bien de distinguer l'obligation accessoire de l'obligation principale; elle confond, au contraire, ces obligations pour justifier d'énormes droits par des interprétations forcées.

La stipulation d'hypothèque est une garantie immobilière accessoire d'une stipulation principale; cette garantie n'est pas passible d'un droit particulier. Hé bien! la stipulation d'hypothèque est présumée changer la nature de certains contrats pour rendre ces contrats passibles de droits dont ils ne sont pas susceptibles. Une lettre de change, exempte de droits, article 5o de la loi du 28 avril 1816, étant l'objet d'une hypothèque, donne lieu au droit proportionnel. (Instruc. gén. n° 290.) La régie fait donc ressortir un droit proportionnel de la confusion de deux stipulations exemptes de droits.

Les besoins du commerce nécessitèrent la loi du 8 septembre 1830. Les actes de prêts sur dépôts ou consignations de marchandises, etc. (article 95 du code de commerce), sont exempts du droit proportionnel. La régie (inst., n° 1332) ordonne de percevoir le droit proportionnel si ces actes sont suivis d'une stipulation d'hypothèque. Ici, une confusion de choses porte la régie à restreindre les effets d'une loi dont le but était de calmer des souffrances. La stipulation d'hypothèque ne dénature pas les contrats, elle assure leur exécution en conférant des droits de préférence sur les biens des obligés. (Article 2093 du code civil.)

La régie méconnaît la nature des contrats sous prétexte qu'ils sont faits en fraude de ses droits. Un exemple : Des héritiers partagent une succession composée d'immeubles ; l'un d'eux déclare avoir reçu du défunt un avancement d'hoirie en argent. Pour l'égalité des lots la portion en immeubles de ce dernier sera moindre. La régie dira : l'héritier qui déclare avoir reçu un avancement d'hoirie en impose : cette somme d'argent est une

soulte de partage qui lui est payée par ses cohéritiers;
ainsi droit de vente à percevoir. (Instr., n° 1209.)

Le fisc n'est point autorisé à dénaturer les contrats, à percevoir des droits sur des soupçons de
fraude. Il n'existe qu'une espèce de transmission
qui, pour la perception du droit, peut être déna-
turée. C'est la transmission qui résulte de l'envoi
en possession obtenu par les héritiers d'un absent,
article 123 du code civil. Cette transmission provisoire est passible des droits de succession; mais
l'article 40 de la loi du 28 avril 1816 n'autorise
qu'une perception provisoire des droits de succession puisqu'au retour de l'absent les droits perçus doivent être restitués.

On ne peut, en aucune manière, dénaturer les
contrats; la loi fiscale ne permet pas qu'un bail,
par exemple, soit présumé être une vente de ré-
colte, pour qu'on puisse substituer le droit de
vente au droit de bail.

Un arrêt de cassation du 14 mars 1817 (Sir., 17, 1,
278) considère comme vente un acte qui, d'après
Pothier, aurait tout ce qui est de la nature d'une
donation; mais cet arrêt n'a rien de contraire aux
principes que nous venons d'établir. Pour la perception des droits, il faut donc analyser les contrats d'après les règles du droit civil, distinguer
ce qui est de l'essence et de la nature du contrat,
des choses accidentelles au contrat. Il faut établir
cette distinction sans méconnaître les faits recon-
nus et constatés par les parties contractantes.

CHAPITRE II.

Les droits d'enregistrement frappent des choses qui n'existent que dans la pensée ; mais ces choses idéales ont des dénominations qui varient selon leur nature. Il faut donc que la loi qui détermine les taux ou les quotités des droits, désigne les choses qui doivent supporter ces droits. Ce principe, qui n'offre pas de difficultés pour les choses réelles frappées de contributions, telles que les propriétés, les personnes, doit s'appliquer aux clauses des contrats passibles de droits.

Les droits d'enregistrement sont fixes ou proportionnels suivant la nature des actes et mutations qui y sont assujettis.

ARTICLE PREMIER.

Du droit fixe.

« Le droit fixe s'applique aux actes civils, soit
» judiciaires ou extrajudiciaires, qui ne contien-
» nent ni obligation, ni libération, ni condamna-
» tion, collocation ou liquidation de sommes et
» valeurs, ni transmission de propriété, d'usufruit
» ou de jouissance de biens meubles ou immeu-
» bles. Il est perçu aux taux réglés par l'article 68
» de la présente loi.» (Article 3 de la loi du 22 frimaire an 7.)

3.

L'article 68 de la même loi, les articles 41, 42 et suivans de la loi du 28 avril 1816 indiquent les taux des droits que doivent supporter les actes passibles du droit fixe.

Lors de la loi du 22 frimaire an 7, le législateur entreprit d'énumérer le plus d'actes possibles ; la multiplicité des actes fit avoir recours à des dénominations générales. Ainsi, par exemple, au n° 30 du § 1ᵉʳ de l'article 68 de la loi du 22 frimaire an 7, on lit : « Sont passibles du droit fixe d'un franc » généralement tous les actes extrajudiciaires des » huissiers ou de leur ministère, sauf les excep- » tions mentionnées dans la présente. » Enfin, pour les actes que la loi ne pouvait pas imposer sous une dénomination quelconque, soit spéciale, soit générale, on applique l'article 68, § 1ᵉʳ, n° 51 de la loi du 22 frimaire an 7, ainsi conçu : « Sont » passibles du droit fixe d'un franc généralement » tous les actes civils, judiciaires, extrajudiciaires, » qui ne se trouvent dénommés dans aucun autre » article de la présente loi, et qui ne peuvent don- » ner lieu au droit proportionnel. » La loi impose d'une manière spéciale, savoir : du droit fixe de un franc une acceptation de succession ; du droit de 2 francs un acquiescement pur et simple ; du droit de 3 francs un compromis ; du droit de 5 francs un contrat de mariage. La même loi, n° 6-7, § 1ᵉʳ dudit article 68, impose, sous une dénomination générale, une foule d'actes; les exécutoires de dé- pens ayant pour objet l'exécution d'un jugement antérieur, et ne renfermant que ce qui aurait pu être ordonné par ce jugement, sont passibles du droit fixe de 1 franc, non sous leur dénomination spéciale, mais parce que la loi porte en termes généraux : que les actes qui ne contiennent que l'exécution, le complément et la consommation d'actes antérieurs enregistrés sont passibles du droit fixe de 1 franc (inst., n° 420).

Lors de la rédaction de la loi du 22 frimaire an 7, notre système hypothécaire n'était pas connu; les radiations, réductions, subrogations d'hypothèques doivent donc être passibles du droit fixe d'un franc comme actes innomés.

Les actes passibles du droit fixe sont tous imposés en vertu d'une loi, soit sous une dénomination spéciale, soit sous une dénomination générale, soit comme actes innomés.

Lorsque l'acte est imposé sous une dénomination spéciale, il faut vérifier si la dénomination qu'on lui donne convient à sa nature: une procuration, passible de droit fixe de deux francs, doit être un acte par lequel une personne donne à une autre le pouvoir de faire quelque chose pour le mandant et en son nom. (Art. 1984 du code civil.)

L'acte est-il imposé sous une dénomination générale? Il faut, outre sa nature, examiner les conditions que prescrit la loi fiscale pour le comprendre dans une dénomination générale; il faut, par exemple, que l'acte soit l'exécution, le complément et la consommation d'un acte pour rentrer dans la généralité des actes imposés sous le n° 6 du § 1 déjà cité. Par actes innomés, on entend ceux qui ne sont pas désignés par la loi fiscale.

Quoiqu'il soit de principe qu'il ne doive résulter aucune transmission de propriété d'un acte passible du droit fixe, sont néanmoins passibles du droit fixe les ventes de marchandises avariées sur mer, les ventes de navire, les échanges de biens ruraux contigus. Nous traiterons de ces actes après nous être occupés du droit proportionnel.

ARTICLE II.

Du droit proportionnel.

Le droit proportionnel est établi pour les obligations, libérations, condamnations, collocations ou liquidations de sommes et valeurs, et pour toutes transmissions de propriété, d'usufruit ou de jouissance de biens meubles et immeubles, soit entre vifs, soit par décès.

Ses quotités sont fixées par l'article 69 ci-après, (article 4 de la loi du 22 frimaire an 7.)

Il est assis sur les valeurs.

1° Pour la perception du droit proportionnel, il faut qu'il y ait transmission de propriété, etc., etc.

2° Les quotités du droit proportionnel doivent être fixées par une loi.

3° Le mode d'asseoir le droit proportionnel sur des valeurs doit être réglé par une loi.

§ Ier, n° 1er. — De la transmission de propriété.

La propriété des biens s'acquiert et se transmét

par succession, par donations entre-vifs ou testa-
mentaires, et par l'effet des obligations, art. 711
du code civil.

Les auteurs entendent par moyen d'acquérir,
les actes ou les faits qui confèrent immédiatement
à une personne la propriété d'une chose, ou du
moins un droit réel sur cette chose. Les moyens
d'acquérir sont originaires ou dérivés : on appelle
originaires ceux par lesquels on acquiert la propriété des choses qui n'appartiennent à personne;
et dérivés, ceux par lesquels la propriété déjà établie est transférée d'une personne à une autre.

Les moyens dérivés, c'est-à-dire ceux qui
transfèrent la propriété déjà établie, d'une personne à une autre, sont les seuls qui portent transmission de propriété, d'usufruit, de jouissance,
d'après l'article 4 de la loi du 22 frimaire an 7.
Ainsi, la chasse, la pêche, l'appréhension, l'ac-
cession, l'invention, enfin, tous les moyens d'acquérir la propriété d'après les articles 712, 713,
714, 715, 716, 717 du code civil, ne sauraient
donner ouverture au droit proportionnel.

Toute transmission de propriété est parfaite
par le seul consentement des parties contractantes
(art. 1138 du code civil); néanmoins la transmission de propriété est considérée comme non avenue
pour la perception du droit, si l'acte duquel résulte la transmission de propriété est résilié par
acte authentique, dans les vingt-quatre heures de
la date. (Art. 68, § 1, n° 40, de la loi du 22 frim. an 7.)

Ces principes posés, nous disons :

1° Il y a transmission par succession, 1° lorsque l'héritier ou le légataire sont saisis de plein droit de la succession du défunt (articles 724 et 1006 du code civil); tant qu'ils n'ont pas renoncé à la succession, ils peuvent être poursuivis pour le paiement des droits (Inst. 386); 2° lorsque les enfans naturels, l'époux survivant, ont obtenu l'envoi en possession (article 724); 3° lorsque le légataire universel a obtenu la délivrance des biens compris dans le testament (article 1004). Dans le premier cas, la transmission résulte de ce principe : le mort saisit le vif; dans les deux derniers cas, l'envoi en possession, la délivrance des biens de la succession, deviennent nécessaires à la transmission, parce que n'est héritier qui ne veut.

2° Pour qu'il y ait transmission par donation, il faut que la donation soit un acte solennel par lequel une personne se dépouille actuellement et irrévocablement de tout ou partie de ses biens en faveur d'un autre qui l'accepte.

Si la donation n'est point actuelle, si elle n'est pas irrévocable, si elle n'est pas acceptée, elle n'est passible que du droit fixe.

3° Pour qu'il y ait transmission par l'effet des obligations, elles doivent être pures et simples.

Une simple promesse (articles 1165, 1277, 1973 du code civil) n'opère transmission de propriété qu'autant qu'elle est acceptée.

Pour les obligations qui dépendent d'une condition suspensive, il n'y aura transmission de propriété dans le cas de l'article 1181, qu'à l'évènement de la condition conformément aux articles 1175, 1176, 1177, 1178 du code civil : et, dans le cas d'un événement arrivé, mais inconnu des parties, il y aura transmission de propriété, lorsque le créancier se sera rendu certain du fait et qu'il l'aura notifié au débiteur (Pothier).

Il n'est point douteux que toutes les espèces de conditions prévues par les articles 1169, 1170, 1171, suspendent également la transmission de propriété; qu'il n'y a point à distinguer entre la condition casuelle et les conditions potestatives. (Art. 1168.)

Pour les obligations alternatives, il y aura transmission de propriété, lorsque l'alternative cessera et que l'obligation sera conformément à l'article 1129 devenue pure et simple, c'est-à-dire lorsque son objet sera déterminé quant à son espèce : détermination qui ne peut avoir lieu qu'après les incidens prévus par les articles 1192 et 1193; ou bien, lorsqu'après l'option soit de la part du débiteur article 1190, soit de la part du créancier si le choix de l'objet lui avait été déféré par la convention. (Instruction 766.)

L'obligation facultative, l'obligation à terme, sont obligations pures et simples, et opèrent transmission de propriété.

Les contrats, soit qu'ils aient une dénomination

propre, soit qu'ils n'en aient pas, sont soumis à des règles générales qui sont l'objet du titre 3, livre 2, du code civil.

Des règles particulières à certains contrats sont établies sous des titres particuliers du même code; et les règles particulières aux transactions commerciales sont établies par les lois relatives au commerce. Ces règles générales et ces règles particulières combinées régissent les transmissions de propriété. Enfin des dispositions du code de procédure font dépendre des transmissions de propriété de l'accomplissement de certaines formalités, comme, par exemple, la déclaration d'adjudicataire ou de l'exercice de certains droits; comme, par exemple, le droit de faire appel d'une adjudication d'immeuble, le droit de surenchérir, de poursuivre la folle enchère. Toutes ces règles, toutes ces dispositions de nos codes se trouvent subordonnées aux lois fiscales. Il ne serait point exact de poser en principe qu'il faut, d'une manière absolue, qu'il y ait transmission de propriété d'après nos codes, pour qu'il y ait lieu à percevoir le droit proportionnel. Il est donc nécessaire de constater les faits qui doivent justifier le principe général et expliquer les exceptions.

La prise de possession n'étant plus nécessaire pour opérer transmission de propriété, il arrive que les droits sont exigés quoiqu'il n'y ait pas réellement transmission. Il suffit qu'il résulte d'un acte, soit authentique, soit sous signature privée, un consentement de livrer une chose pour donner lieu à la perception des droits.

Une vente, par exemple, étant parfaite entre les parties, et la propriété étant acquise de droit à l'acheteur, dès qu'on est convenu de la chose et du prix, on ne saurait admettre qu'il n'y a pas de transmission, surtout cette transmission étant de droit quoique la chose n'ait pas encore été livrée ni le prix payé. C'est le droit de l'acquéreur à la chose vendue résultant de l'acte, qui constitue la transmission passible du droit proportionnel. Tant que ce droit n'est pas anéanti par un jugement que l'on puisse opposer à la régie, on ne saurait s'empêcher de payer le droit proportionnel. Ainsi, une vente nulle, viciée par une nullité radicale, est passible du droit proportionnel: et si les parties reconnaissent à l'amiable que la vente ne peut pas produire d'effet entre elles, cette reconnaissance est considérée pour la perception du droit comme seconde vente. Ces principes appliqués d'une manière absolue deviennent souvent d'une extrême rigueur.

« Si, dit Pothier, me trouvant avec vous à Paris,
» je vous vends une maison que j'ai à Orléans,
» dans l'ignorance où nous sommes l'un et l'autre
» que cette maison a été incendiée pour le total ou
» pour la plus grande partie; ce contrat sera nul,
» parce que la maison qui en faisait l'objet n'exis-
» tait pas; la place et ce qui restait de cette mai-
» son n'étaient pas tant la chose qui faisait l'objet

» de notre contrat, que des restes de cette chose».

Un tel acte de vente est passible du droit proportionnel. (Voir un arrêt de cassation du 12 février 1822, Sir., tome 22, 1, page 421) et l'acte par lequel les parties reconnaîtraient le sinistre pour se dégager l'une envers l'autre, serait une vente de la place et de ce qui aurait resté de la maison, parce qu'en pareil cas, il faut plaider et non se concilier pour n'avoir pas de droit proportionnel à payer.

Les ventes nulles d'après les articles 1599, 1600, 1691 du code civil, sont passibles du droit proportionnel.

On peut dire: celui qui vend la chose d'autrui ne transmet point à son acquéreur la propriété de la chose vendue, puisque cette propriété ne lui appartient pas: celui qui vend la succession d'une personne vivante ne saurait vendre l'espérance qu'il pourrait avoir de recueillir cette succession, puisque la loi porte formellement que cette espérance ne peut pas être l'objet du contrat de vente: enfin celui qui vend une chose qui au moment de la vente était périe, n'a pu transmettre une chose qui n'existait plus: en effet, le véritable propriétaire n'est point dépouillé de la chose qu'il possède, quoiqu'un autre se la soit appropriée pour la vendre. La chose qui était périe au moment de la vente, était périe pour le compte du vendeur; et l'espérance de recueillir la succession d'une personne vivante, étant un être auquel la loi refuse une existence, ne saurait être transmise. D'après la loi du 22 frimaire an 7, ce n'est donc pas la transmission réelle, mais le consentement avec intention de transmettre qui donne lieu à d'énormes droits.

N° 2.

Pour la perception du droit proportionnel, il faut que la transmission de propriété ne dépende pas d'une condition suspensive, qu'elle ne soit pas subordonnée à l'option d'une alternative; il faut qu'elle soit immédiate. Ainsi une vente pure et simple est passible du droit proportionnel, article 1583, tandis que la vente soumise à une condition suspensive ou à l'option d'une alternative, article 1584, ne donne lieu qu'au droit fixe. (Arr. de cass. du 27 mai 1813, Sir., 24, 1, 31; du 19 juin 1826, Sir., 27, 1, 447. Enfin, si la transmission de propriété est stipulée en faveur d'un tiers, article 1121 du code civil, il faut que le tiers déclare vouloir en profiter, pour qu'il y ait lieu à percevoir le droit proportionnel.

Il est inutile de multiplier les exemples, pour démontrer que, pour l'exigibilité du droit proportionnel, il faut qu'il y ait transmission immédiate; il suffit de faire connaître comment une exception à ce principe s'est introduite dans notre législation. Un arrêt de la cour de cassation du 29 octobre 1806, Sir., 6, 1, 467, avait reconnu qu'un adjudicataire n'était pas tenu de payer les droits de vente, lorsqu'il était interjeté appel de l'adjudication qui lui

conférait la propriété de l'immeuble mis aux enchères. « Le jugement d'adjudication, porte l'ar-
» rêt, renferme une vente qui n'est réellement et
» définitivement consentie que par l'arrêt qui la
» confirme. Le contrat n'est accompli et parfait
» qu'au moment où cet arrêt intervient : la consé-
» quence de ces idées est que le droit d'enre-
» gistrement ne peut être exigé qu'après que cet
» arrêt est rendu.»

Rien de plus conforme au principe que nous venons de poser. Cependant, un avis du conseil d'état est intervenu le 18 octobre 1808, portant que les adjudications d'immeubles faites en justice doivent être enregistrées dans les vingt jours de leur date, et que le droit proportionnel doit être payé, qu'on ait ou non interjeté appel du jugement d'adjudication.

Les lois de budgets qui mettent tous les ans nos lois d'enregistrement en vigueur ne font pas mention de cet avis du conseil d'état. Il reste à examiner si cet avis a force de loi et remplit les vœux de l'article 38 de la Charte. Il est à remarquer que la cour de cassation a soumis sa jurisprudence à l'autorité de cet avis du conseil d'état.

N° 3. — Des surenchères et folles enchères.

Les transmissions volontaires et les ventes en justice peuvent donner lieu à une surenchère, article 2185 du code civil et 710 du code de procédure, avec cette différence, que les transmissions volontaires ne peuvent donner lieu qu'aux enchères autorisées par l'article 2185 du code civil, tandis que l'art. 710 du code de procédure n'est applicable qu'aux adjudications sur saisie immobilière.

Quel que soit l'adjudicataire par suite d'une surenchère, il n'y a transmission de propriété que de l'ancien propriétaire à cet adjudicataire; car, si l'acquéreur, le donataire ou premier adjudicataire conservent l'immeuble qui leur a été vendu, donné, adjugé, la surenchère ne fait que confirmer la première transmission: si, au contraire, c'est un nouvel adjudicataire, celui-ci obligé de désintéresser le premier acquéreur se trouve subrogé à tout l'effet de la vente : subrogation légale exempte de droits proportionnels.

La surenchère n'est donc que le complément d'une transmission de propriété, qui ne doit pas même être transcrite article 2189 du code civil.

Ce principe est applicable aux folles enchères.

« Les adjudications à la folle-enchère de biens » immeubles, sont assujetties au droit de vente; » mais seulement sur ce qui excède le prix de la » précédente adjudication, si le droit en a été acquitté. » (Article 69, § 8, n° 1, de la loi du 22 frimaire an 7.)

L'adjudication sur folle-enchère et celle qui la précède n'opèrent qu'une seule transmission, les droits mis à la charge du second adjudicataire. Il est évident que la régie ne peut exiger ni droit ni double droit du précédent adjudicataire qui n'a jamais été acquéreur. (Article 715 du code de procédure.)

Les enchères ne peuvent être faites que par le ministère d'avoués : il en résulte que ceux-ci ont à faire connaître ceux pour lesquels ils ont enchéri, lorsqu'ils ne veulent pas devenir adjudicataires. Cette déclaration doit être faite dans les trois jours de l'adjudication. (Article 709 du code de proc.)

Il ne faut pas confondre la déclaration prescrite par cet article, avec la déclaration de command, mentionnée en l'article 68, § 1, n° 24, de la loi du 22 frimaire an 7.

La déclaration d'adjudicataire est de droit; la déclaration de command doit être stipulée. Pour la première, il suffit de faire un acte au greffe; pour la seconde, il faut un acte public notifié au receveur de l'enregistrement. L'avoué qui, en sa qualité d'avoué, se rend dernier enchérisseur d'un immeuble adjugé aux enchères, n'est réputé que simple mandataire du client; il n'est pas adjudicataire pour son compte avec faculté de transporter comme l'acquéreur pour ami ou command. (Arr. de cass. du 3 septembre 1810, Sir., 11, 126; 23 avril 1817, Sir., 16, 1, 285.)

Si la déclaration d'adjudicataire n'est pas faite dans les trois jours, la transmission de propriété est en faveur de l'avoué. (Article 709 du code de procédure.) La faculté de faire une déclaration de

command cesse, si elle n'est pas exercée et noti-
fiée dans les vingt-quatre heures.

N° 5. — De la formation d'une communauté.

Les communautés, qui s'établissent entre des
époux ou qui résultent des actes de société, ne
portent point transmission de propriété de la chose
mise en commun. L'un des associés peut apporter
des meubles et des immeubles, tandis qu'un autre
associé n'apporte que son travail et son industrie;
or, ces apports sont faits à la communauté, être
moral, qui n'existe que par fiction et qui acquiert pour tous et pour chacun des associés; il
ne peut donc pas y avoir de transmission, puisque, par l'effet de la communauté, l'associé n'est
pas dépouillé de ses droits de propriété par les
droits que la communauté confère à son co-associé
sur l'objet de son apport à la masse. Il ne faut pas
confondre les apports faits à la masse par suite de
la formation de la communauté, avec les traités
qu'un des associés peut faire pour son propre
compte avec la société. Ces traités établissent des
transmissions.

N° 6. — De la dissolution des communautés.

Lors de la dissolution de la communauté, chaque
associé a droit à une part des biens acquis par
cette communauté: il n'y a pas transmission en faveur de l'associé des effets compris dans son lot.
(Article 1872, 883, du code civil.)

La conséquence de ces principes doit être qu'un

immeuble, mis en communauté par un associé, pourrait devenir la propriété d'un autre associé, par l'effet d'un partage ou d'une licitation, sans qu'il y ait transmission de cet immeuble d'un associé à l'autre associé.

N° 7.

Pour qu'il y ait lieu à percevoir le droit proportionnel, il faut qu'il y ait transmission de propriété ; ce principe souffre exception : l'article 883 du code civil porte que chaque cohéritier est censé avoir succédé seul et immédiatement à tous les effets compris dans son lot ou à lui échus sur licitation. Il résulte donc de cet article que les partages et licitations n'établissent aucune transmission de cohéritier à cohéritier ; cependant là loi fiscale impose du droit proportionnel les soultes et retours de partage et licitation. Il n'en était pas de même sous l'empire de certaines coutumes ; on lit dans Pothier : « celui des cohéritiers ou des co-» propriétaires à qui il est dit, par acte, que l'autre » cohéritier a vendu sa part, n'est pas censé l'avoir » véritablement achetée et acquise de son cohéri-» tier : dans ce cas l'acte ne donne lieu ni au profit » de vente ni au retrait. »

N° 8. — De la condition résolutoire.

La condition résolutoire est celle qui, lorsqu'elle s'accomplit, opère la révocation de l'obligation, et qui remet les choses au même état que si l'obligation n'avait pas existé : elle ne suspend point l'exécution de l'obligation ; elle oblige seulement le créancier à restituer ce qu'il a reçu dans le cas où l'événement prévu par la condition arrive. (Art. 1040, 1176, 1302, 1658, 2123 du code civil.)

Celui qui, par l'effet de la condition résolutoire, rentre dans la propriété d'un domaine, n'acquiert pas, il ne fait que continuer son ancien droit de propriétaire. Il n'y a donc pas transmission de propriété en sa faveur; il ne doit donc pas payer le droit proportionnel.

Le retour conventionnel, article 951, la révocation des donations pour cause de survenance d'enfans, articles 960, 961, n'opèrent aucune transmission de propriété.

Le retour légal, la révocation des donations pour cause d'inexécution des conditions, pour cause d'ingratitude, sont passibles du droit proportionnel: le retour légal, parce qu'il est plutôt un mode de succéder que l'accomplissement d'une condition résolutoire; la révocation des donations, pour cause d'inexécution des conditions et pour cause d'ingratitude, parce que, dans ces deux cas, la condition résolutoire dépend de la volonté du donateur ou bien de l'un d'eux seulement. (Arrêt du 14 novembre 1815.) Voici du moins la distinction qu'il faut établir, d'après les lois fiscales, entre les différentes conditions résolutoires prévues ou régies par le code civil.

N° 9. — Des nullités ou des rescisions des conventions.

Il existe plusieurs théories sur la division des

nullités. La seule propre à notre sujet est celle qui permet de distinguer les nullités qui frappent la convention dans son essence, des nullités qui détruisent la preuve de la convention., ou la convention sans porter sur ce qui est de son essence. Cette division doit nous mener à une juste application de l'article 68, § 3, n° 7, de la loi du 22 frimaire an 7, conçu en ces termes : « Les ex-
» péditions des jugemens des tribunaux civils,
» rendus en première instance ou sur appel, por-
» tant résolution de contrat pour cause de nullité
» radicale sont soumises au droit fixe de 3 fr.

Qu'entendons-nous par nullité radicale? Sans doute, les vices qui infectent les contrats dans leur racine; qui les font annuler ou rescinder pour une cause remontant à leur origine. (Toullier.)

Que la nullité résulte d'un vice extrinsèque et apparent; que le contrat renferme un vice intrinsè-que et caché, si ce vice est inhérent à l'essence de la convention , soit qu'il frappe la convention elle-même, soit qu'il détruise sa preuve, il y aura tou-jours nullité radicale. Si la personne qui a con-tracté en était déclarée incapable par la loi comme les mineurs, les interdits, les femmes mariées, les individus morts civilement; si le consentement a été donné par erreur, extorqué par violence surpris par dol; si celui qui s'est engagé ou qui a stipulé en son propre nom ne s'est pas engagé, n'a pas stipulé pour lui, mais pour un autre dont il n'avait aucun pouvoir, article 1119; si l'obliga-

tion a été contractée sous une condition protesta-
tive de la part de celui qui s'oblige, article 1174; si
l'obligation est sans cause ou sur une fausse cause,
ou sur une cause illicite, article 1131; si elle est sans
objet; si elle renferme une disposition au profit
d'un incapable, article 911, 912, 1079; point de
doute que la résolution de la convention aura pour
cause une nullité radicale.

Les nullités de formes sont nullités radicales,
lorsque la nullité de l'acte entraîne celle de la disposition qu'il renferme. La nullité d'un testament
par exemple !

« Néanmoins, les jugemens portant résolution
» de contrats de vente pour défaut de paiement
» quelconque sur le prix de l'acquisition, lorsque
» l'acquéreur ne sera point entré en jouissance,
» ne seront assujettis qu'au droit fixe d'enregistre-
» ment tel qu'il est réglé par l'article 68 de la loi
» du 22 frimaire an 7, pour les jugemens portant
» résolution de contrats pour cause de nullité ra-
» dicale. » (Article 12 de la loi du 27 ventose an 9.)

Nous citons cet article, quoiqu'il soit impos-
sible de l'invoquer, la prise de possession résultant du seul consentement des parties.

La résolution du contrat de vente faute de paiement de prix, a été, sous l'ancienne jurisprudence,
l'objet de longues controverses : la loi du 27 ventose an 9 ne décida pas entièrement la question
en faveur du fisc, mais l'article 1138 du code
civil accorde à la régie ce qu'elle n'aurait pu ob-

tenir d'une loi de finance. Le droit proportionnel est dû pour toutes les résolutions de contrat faute de paiement de prix, la prise de possession résultant du seul consentement des parties.

Le droit proportionnel est aussi perçu lors d'une résolution de contrat pour cause de lésion. (Arr. de cass. du 10 septembre 1820.) Cette lésion serait-elle au préjudice d'un mineur? *Non tanquam minor sed tanquam læsus.* L'ancienne jurisprudence le décidait autrement. (Toullier.)

Les jugemens qui admettent les actions des créanciers, pour annuler les actes faits par le débiteur en fraude de leurs droits, sont passibles du droit proportionnel.

Les nullités des actes ne peuvent être prononcées que par les tribunaux civils, les parties ne peuvent que révoquer leurs conventions, art. 1134; les tribunaux de commerce, les tribunaux d'arbitrage ne sont pas compétens; les premiers *ratione materiæ*, art. 635 du code de commerce, etc; les seconds, parcequ'ils ne peuvent pas prononcer sur les contestations qui sont sujettes à communication au ministère public (article 1004 du code de procédure). Celui qui compromet à l'occasion d'un contrat entaché de nullité, est censé renoncer à son action en nullité pour s'en rapporter à la décision d'arbitres nommés; car compromettre ce n'est pas agir, puisque les procès se préviennent par le compromis. (Pigeau.)

D'après ces motifs les résolutions de contrats

prononcées, pour cause de nullité radicale, par un tribunal de commerce ou par des arbitres seraient passibles du droit proportionnel comme s'il y avait rétrocession.

N° 10. — De la preuve des transmissions de propriété.

La preuve est, en général, tout ce qui détermine un homme raisonnable à juger qu'une chose existe ou qu'elle n'existe pas, qu'elle est fausse ou qu'elle est vraie, légitime ou condamnée par la loi; c'est, en un mot, tout ce qui persuade l'esprit d'une vérité. (Domat.)

La loi ne laisse pas à l'arbitraire du juge l'effet et l'emploi de toutes les sortes de preuves. On peut donc les diviser en deux espèces : la première contient celles que la loi veut qu'on tienne pour sûres, et auxquelles le magistrat ne peut, sans s'exposer à la censure, se dispenser de conformer son jugement, quand même il ne serait pas personnellement persuadé et convaincu. Telles sont toutes les présomptions légales, l'autorité de la chose jugée, un acte authentique et même sous seing-privé dont l'écriture est reconnue et où se trouvent consignées des conventions clairement exprimées.

La seconde espèce de preuves contient celles dont la loi abandonne l'effet à la prudence du magistrat, qui doit en apprécier la force, sans être obligé d'y conformer son jugement, lorsqu'il n'est pas persuadé; par exemple, quoique la déposition uniforme de deux témoins non reprochés suffise,

ordinairement, pour faire preuve en matière civile, le juge n'est pas obligé d'y conformer son
jugement.

Il faut qu'une transmission soit suffisamment
établie pour la demande du droit d'enregistrement,
art. 12 de la loi du 22 frimaire an 7. Il ne peut
donc y avoir de transmission prouvée qu'autant
qu'elle résulte, soit d'une présomption légale, soit
de l'autorité de la chose jugée, soit d'un acte authentique, soit d'un acte sous seing privé dont
l'écriture est reconnue, soit des présomptions légales établies en faveur du fisc pour prévenir la
fraude. L'art. 12 de la loi du 22 frimaire an 7 est
un exemple de cette dernière espèce de présomptions légales; il est ainsi conçu :

« La mutation d'un immeuble en propriété ou
» usufruit sera suffisamment établie pour la de-
» mande du droit d'enregistrement et la poursuite
» du paiement contre le nouveau possesseur, soit
» par l'inscription de son nom au rôle de la contri-
» bution foncière et des paiemens par lui faits d'a-
» près ce rôle, soit par des baux par lui passés,
» ou enfin par des transactions ou autres actes
» constatant sa propriété ou son usufruit. »

L'administration ne saurait, en aucune manière,
invoquer les preuves abandonnées à la prudence
du magistrat. Ces preuves incertaines laissent subsister la question de savoir s'il y a mutation ou
non. Cette question peut être tranchée par le magistrat, mais, si les parties ne requièrent pas, il

n'appartient pas à la régie de prendre l'initiative de suppléer à leur inaction. S'il est douteux pour les parties qu'il y ait mutation, c'est à l'administration à établir ses droits d'après ces doutes, sans vouloir les dissiper; elle ne peut pas changer la position des parties ou faire qu'une preuve prouve pour elle et ne prouve pas pour les parties. Autrement, l'administration aurait la faculté de s'emparer des droits et actions des citoyens pour établir des mutations, de poursuivre les procès des familles pour percevoir des droits; et même, dans des temps malheureux, il suffirait d'avoir des magistrats complaisans pour exercer l'arbitraire le plus odieux, celui de lever des impôts illicites.

Tout ce qui est relatif à l'établissement et à la perception des impôts doit résulter de la loi. L'arbitraire du juge serait une tyrannie. Il faut donc que la mutation soit suffisamment établie pour la demande du droit; d'une manière absolue non équivoque; qu'elle résulte plutôt de la force de la loi que de la persuasion, de la conviction du magistrat.

N° 11. — Le droit proportionnel est établi pour les obligations et les libérations.

La loi fiscale entend par obligations « tous actes » ou écrits qui contiennent obligations de sommes » sans libéralité, et sans que l'obligation soit le » prix d'une transmission de meubles ou immeu- « bles non enregistrés. » Loi du 22 frimaire an 7, art. 69, § 3, n° 3.

L'obligation de payer une somme qui a pour cause un prêt à intérêt, les sommes dont on se déclare débiteur pour des causes qui ne portent avec elles ni donation ni vente mobilière ou immobilière, donnent lieu à la perception de 1 franc pour o/o.

« Les quittances, remboursemens ou rachats de » rentes ou redevances de toute nature; les retraits » exercés en vertu de réméré, par actes publics, » dans les délais stipulés ou faits sous signature pri- » vée, et présentés à l'enregistrement avant l'expi- » ration de ces délais, et tous autres actes et écrits » portant libération des sommes et valeurs, ren- » trent dans la dénomination de libération. » (Loi du 22 frimaire an 7, art. 69, § 2, n° 11.)

Du reste, les obligations et libérations sont des espèces de transmissions de propriété. Il est inutile de revenir sur les principes que nous avons déjà examinés. Il est seulement à remarquer que les obligations et libérations n'ont pour objet que des sommes d'argent.

N° 12. — De l'extinction des obligations en général, portant transmission de propriété, obligation, libération de sommes.

Du paiement.

A l'événement de la condition, ou lorsque, par l'option, soit du créancier, soit du débiteur, l'obligation alternative ou conditionnelle devient pure et simple, il y a transmission de propriété;

suivant la nature du contrat ou de l'objet transmis, on perçoit le droit proportionnel. Le paiement fait avec subrogation légale, avec imputation à une certaine obligation du débiteur, la remise volontaire de la dette, la compensation, donnent lieu au droit de libération. Au contraire, le paiement fait avec subrogation conventionnelle, la novation, donnent lieu au droit d'obligation.

La cession de biens, soit volontaire, soit forcée, dont l'effet est de conférer la possession et la jouissance des biens du débiteur aux créanciers, ne donne pas lieu au droit proportionnel. Le droit proportionnel est dû lorsqu'il y a atermoiement ou dation en paiement. (Arrêt de cassation du 3 janvier 1820.)

La confusion, la perte de la chose, la prescription, éteignent les obligations sans donner lieu au droit proportionnel.

Nᵈ 13. — Des dommages et intérêts résultant de l'inexécution des conventions, de la faute et de la demeure, taxés par l'art. 69 de la loi du 22 frimaire an 7, § 5, nᵒˢ 8 et 11 de la loi du 27 ventose an 9.

Les dommages et intérêts consistent, en général, dans l'indemnité de la perte que le créancier a faite dans son patrimoine, et du gain dont il est privé (1149) *lucrum cessans*, *damnum emergens*.

Mille circonstances, que le juge doit apprécier, rendent le débiteur passible de dommages et intérêts. (Art. 1383, 1147, 1599 du Code civil.)

Lorsque le débiteur doit les fruits qui ont été ou ont pu être perçus depuis l'interpellation judiciaire qui l'a mis en demeure, et les intérêts qui ont pareillement couru depuis ce temps, le magistrat adjuge ces fruits, ces intérêts, comme étant l'accessoire de la chose due et non pas à titre de dommages et intérêts. On ne doit pas non plus confondre les dommages et intérêts avec les indemnités qui résultent de la promesse que fait une personne pour laquelle on s'oblige ou que l'on cautionne, de garantir et dédommager des effets de l'obligation du cautionnement fait pour son seul avantage. Les articles 552, 555, 658, 682, 1403, 1406, 1744, 1745, 2000 du Code civil, opèrent des transmissions passibles d'un droit particulier, non à titre de dommages et intérêts, mais à titre d'indemnité. (Art. 69, § 2, n° 8, de la loi du 22 frimaire an 7.) En un mot, il ne faut pas confondre les dommages et intérêts avec les indemnités.

Les dommages-intérêts doivent être prononcés par les tribunaux criminels, correctionnels et de police. (Loi du 22 frimaire an 7, art. 69, § 5, n° 8.) Ils doivent être alloués par jugement contradictoire ou par défaut.

N° 14. — Le droit proportionnel est établi pour les condamnations, collocations, liquidations.

Sont passibles de 50 centimes p. o/o :

« Les jugemens contradictoires ou par défaut » des juges-de-paix, des tribunaux civils, de com- » merce et d'arbitrage, de la police ordinaire, de » la police correctionnelle et des tribunaux crimi-

» nels , portant condamnation, collocations ou li-
» quidations des sommes et valeurs mobilières, in-
» térêts et dépens entre particuliers, excepté les
» dommages-intérêts dont le droit proportionnel
» est fixé à 2 p. o/o sous le § 5, n° 8 ci-après. »
(Art. 69, § 2, n° 9, de la loi du 22 frimaire an 7.)

Il est d'une extrême rigueur que les jugemens par défaut et en premier ressort soient passibles du droit proportionnel, et que ce droit ne puisse pas être restitué, ces jugemens venant à être réformés sur une opposition ou sur un appel, etc.

« Tout droit d'enregistrement perçu régulière-
» ment, en conformité de la présente, ne pourra
» être restitué, quels que soient les événemens ul-
» térieurs, sauf les cas prévus par la présente. »
(Art. 60 de la loi du 22 frimaire an 7.)

S'il faut qu'il y ait jugement, un simple exécutoire décerné par un juge commis pour le débat d'un compte ne devrait pas être passible du droit de condamnation, car cet exécutoire n'est pas un jugement. (Arrêt de la cour de Turin du 1er juin 1812, Sir., 14, 2, 423.)

D'après l'art. 759 du Code de procédure, le juge-commissaire fait la clôture de l'ordre. Y a-t-il jugement? Une instruction, n° 436, le considère ainsi:

Le droit proportionnel est établi pour les condamnations.

On entend par condamnation l'obligation imposée par le juge au débiteur qui s'y refuse, de donner, de faire ou de ne pas faire quelque chose. Si le débiteur a fait des offres que le juge reconnaît valables; si les plaideurs n'ont élevé aucune contestation sur certains objets du procès; si, enfin, le jugement ne fait que revêtir les actes des parties d'une formalité, les homologations, par exemple, il n'y a pas lieu à percevoir le droit proportionnel de condamnation.

Le droit proportionnel est établi pour les collocations.

Lorsqu'il y a lieu à une distribution de deniers arrêtés ou de prix de ventes mobilières ou immobilières, les créanciers et la partie saisie sont tenus de se régler entre eux. Faute par eux de s'accorder, il est procédé judiciairement à une distribution par contribution, ou un ordre est ouvert. (Art. 656, 657, 749, 750, Code de procédure.) Les procès-verbaux rédigés par le juge-commissaire, d'après les art. 665, 670, 759, 767 du Code de procédure, sont passibles du droit de collocation; mais ce droit ne saurait être perçu sur l'acte par lequel le débiteur et les créanciers se seraient accordés ou se seraient réglés entre eux, conformément aux articles 656 et 749 du même code : pour la perception du droit, le procès-verbal du juge-commissaire peut être assimilé à un jugement; mais l'acte authentique ou sous seing privé passé entre le débiteur et les créanciers n'a rien de judiciaire; c'est un traité qui met fin aux contestations qui résultaient d'une distribution de deniers que le débiteur doit faire entre ses créanciers.

Le droit proportionnel est établi pour les liquidations de sommes et valeurs.

Pour rendre une chose liquide, deux choses sont nécessaires :

1.° La certitude de son existence;

2.° La détermination de sa quotité ou de la somme à laquelle elle s'élève.

Le jugement qu'on voudra soumettre au droit de liquidation devra donc établir qu'il est constant qu'il est dû, et combien il est dû : *Cum certum est an et quantum debeatur*. Il faudra qu'il fasse cesser le litige qui existait sur l'existence et sur la détermination des sommes et valeurs liquidées.

Les codes emploient le mot liquidation sous différentes acceptions. Il y aurait lieu de croire que toutes les dispositions qui sont sous cette dénomination donnent lieu au droit de liquidation : la régie reconnaît que le droit n'est applicable qu'aux jugemens qui contiennent des liquidations sur des choses litigieuses, conformément aux principes que nous venons de poser. (Solution, 11 floréal an 12).

Les droits de condamnation se perçoivent indépendamment des droits de transmissions et de transcriptions. (Art. 69, § 2, n° 9, de la loi du 22 frimaire an 7.)

« Lorsqu'une condamnation sera rendue sur une » demande non établie par un titre enregistré et » susceptible de l'être, le droit auquel l'objet de » la demande aurait donné lieu, s'il avait été con» venu par acte public, sera perçu indépendam-

» ment du droit dû par l'acte ou le jugement qui
» aura prononcé la condamnation. »

Pour obtenir justice, outre les droits d'enregistrement et de transcription dont toutes les espèces d'actes sont passibles, il faut payer des droits de condamnation, collocation, liquidation. Ce n'était pas assez pour le fisc; l'Assemblée constituante avait aboli les droits de greffe; on les a rétablis en l'an 7. Le plaideur est donc, de plus, obligé de payer des droits de mise au rôle, des droits de rédactions et transcriptions des actes, des droits d'expédition des jugemens et actes. (Loi du 21 ventose an 7.) Joignez à tous ces droits les droits de timbre, qui, pour la moindre procédure, sont assez considérables.

En vertu de l'art. 1656, un vendeur demande contre son acquéreur, de mauvaise foi, la résolution d'une vente; il ne peut pas se trouver dans le cas de l'art. 12 de la loi du 27 ventose an 9. Pour être maintenu dans son droit de propriété, il paiera les droits de vente et une grande partie des droits que nous venons d'énumérer.

N° 15. — Du droit de transcription.

« Dans tous les cas où les actes seront de nature
» à être transcrits au bureau des hypothèques, le
» droit sera augmenté de 1 et 1/2 p. o/o, et la transcription ne donnera plus lieu à aucun droit proportionnel. » (Art. 54 de la loi du 28 avril 1816.)

« Les contrats translatifs de la propriété d'im-

« Les contrats translatifs de la propriété d'im-
» meubles ou droits réels immobiliers que les tiers-
» détenteurs voudront purger de priviléges et hypo-
» thèques, seront transcrits en entier par le conser-
» vateur des hypothèques dans l'arrondissement
» duquel les biens sont situés. » (Art. 2181 du C. civ.)

Pour qu'il y ait lieu à la perception du droit de transcription, il faut qu'il y ait eu transmission de la propriété qu'on veut purger d'hypothèque. On serait donc porté à croire que, toutes les fois que le droit de transmission est dû, le droit de transcription peut être exigé.

La transcription des contrats est une formalité prescrite par le Code. Elle se trouve entièrement régie par la loi civile; la loi fiscale, pour l'imposer, n'est pas sortie de ses limites : le fisc s'est contenté de percevoir le droit avant que la formalité ait été remplie; car le droit se paie en faisant enregistrer, et la transcription de l'acte ne peut avoir lieu qu'a-près l'enregistrement.

Il n'en est pas de même du droit de transmission de propriété; le fisc a empiété sur la loi civile; il a méconnu les dispositions de nos codes pour grossir ses recettes. Il y a transmission, d'après la loi fiscale, pour des actes qui confirment des droits acquis : les partages et licitations n'étant pas trans-latifs de propriété, ne donnent pas lieu au droit de transcription. (Art. 883 du Code civil.) Cepen-dant le droit de transmission est perçu pour les soultes et retours.

L'acte qui opère la révocation d'une transmission, et qui met les choses au même état que si la transmission n'avait pas existé, ne doit point être transcrit. (Art. 1185 du Code civil.) Cependant le droit de transmission de propriété est perçu sur les actes qui annulent des contrats synallagmatiques, pour le cas où l'une des deux parties n'a point satisfait à son engagement. (Art. 1184 du Code civil.)

Enfin, la loi fiscale n'admettant que des nullités radicales pour la résolution, la rescision des contrats fait considérer des actes comme translatifs de propriété, lorsque ces mêmes actes ne font que mettre les choses au même état que si nulle transmission n'avait pas existé. Ces mêmes actes supportent le droit de transmission de propriété et sont exempts du droit de transcription.

Ainsi, deux droits, qui sont établis d'après les mêmes bases, et qui ont pour objet la transmission des propriétés, présentent des perceptions qui les feraient supposer différens l'un de l'autre. Cette bizarrerie vient de ce que, pour le droit de transmission, les lois fiscales ont dépassé les limites que leur trace la nature des choses; tandis que, pour le droit de transcription, elles sont rentrées dans le cercle duquel elles ne devraient jamais sortir.

§ 2. — Les quotités du droit proportionnel doivent être fixées par une loi selon la nature des contrats et des objets transmis.

N° 1.

Tout impôt devant être établi en vertu d'une loi, les quotités du droit proportionnel doivent être déterminées par une loi. De plus, la loi fiscale qui détermine la quotité d'un droit, doit aussi, pour la perception du droit proportionnel, désigner la transmission de propriété passible de ce droit. Les ventes de meubles et de récoltes sur pied sont passibles de 2 p. o/o; les ventes d'immeubles sont passibles de 5 fr. 50 cent. ou 4 fr. p. o/o. La loi contient une nomenclature de droits proportionnels applicables à différentes sortes de contrats ou transmissions de propriété; mais la loi n'établit pas un droit proportionnel pour les transmissions de propriété qui ne sont pas dénommées dans ses dispositions spéciales. La transmission de propriété qui n'est pas désignée par la loi pour supporter tel droit proportionnel, se trouve donc libre d'impôt. Nous avons reconnu que n'importe quel acte passible du droit fixe pouvait être frappé d'impôt; il nous est facile d'établir que certaines transmissions de propriété ne sont passibles d'aucuns droits proportionnels : en effet, toutes transmissions doivent donner lieu à la perception d'un droit proportionnel; mais quel droit proportionnel percevoir pour une transmission que la loi ne désigne pas comme devant supporter tel droit propornel. Il n'y a pas un droit proportionnel pour les transmissions innomées par la loi : les tribunaux refusent d'établir un impôt par analogie ; la Charte veut que le contribuable ne soit débiteur du fisc qu'en vertu d'une loi; les lois de budgets interdisent tous impôts illicites.

Il existe des droits proportionnels pour les transmissions de propriété, soit en ligne directe, soit entre époux, soit en ligne collatérale, soit entre personnes non parentes, etc. ; enfin, les enfans naturels qui viennent à la succession de leurs père et mère, à défaut d'autres parens, sont assimilés par la loi du 28 avril 1816 à des étrangers.

Dans cette nomenclature de droits, il n'en existe pas pour les transmissions qui s'opèrent en faveur des enfans naturels, lorsqu'ils viennent à la succession de leur père avec des héritiers légitimes, ou lorsque leurs auteurs leur font des donations ; car les enfans naturels ne sont point étrangers, et, cependant, ils ne sont d'aucune ligne. *Nec familiam, nec gentem habent.*

La loi prescrit un droit proportionnel pour les transmissions de propriété, d'usufruit et de jouissance, les tarifs font connaître la quotité des droits pour les contrats desquels résultent ces transmissions : mais l'usage des choses et le droit d'habitation ne sont donc pas imposés? A quel droit soumettre le commodat?

N° 2.

Les droits proportionnels varient selon les différentes espèces de transmissions; et, pour les transmissions de même espèce, ils varient selon que l'objet transmis est un meuble ou un immeuble.

Nous avons fait connaître comment on détermine les différentes transmissions, et comment elles sont passibles de droits, d'après leur dénomination déterminée par leur nature. Il nous reste donc à examiner les règles d'après lesquelles le droit proportionnel doit varier selon que l'objet transmis est meuble ou immeuble.

La loi fiscale ne s'occupe pas et ne pourrait pas s'occuper des règles qui doivent faire distinguer un meuble d'un immeuble. Il en est de la nature des biens comme de la nature des contrats. C'est d'après la loi civile que nous devons distinguer les choses; et c'est d'après la loi fiscale, qui ne peut pas changer leur nature, que nous devons les imposer. Pour la distinction des biens, il faut donc se conformer au deuxième livre du code civil.

Néanmoins, nous devons faire connaître les modifications apportées à cette règle par la loi fiscale.

Lorsqu'un héritage est vendu avec plusieurs choses mobilières, quoique ce soit l'héritage qui soit le principal objet de la vente, elle n'est néanmoins immobilière que par rapport à l'héritage; elle est mobilière par rapport aux choses mobilières qui sont vendues.

Il en est de même de tout acte translatif de propriété qui comprend des meubles et des immeubles. Ces actes opèrent alors deux espèces de mutation, l'une mobilière, l'autre immobilière.

Pour qu'en pareil cas il ne soit pas dérogé à la loi civile, relativement à la distinction des meubles et des immeubles, pour la perception du droit, il faut se conformer à l'art. 9 de la loi du 22 frimaire an 7.

« Lorsqu'un acte translatif de propriété ou d'u- » sufruit comprend des meubles et immeubles, le » droit d'enregistrement est perçu sur la totalité » du prix au taux réglé pour les immeubles, à » moins qu'il ne soit stipulé un prix particulier » pour les objets mobiliers, et qu'ils ne soient dé- » signés et estimés article par article dans le contrat.»

Il faut reconnaître qu'une telle formalité n'est pas toujours d'une facile exécution ; aussi, la jurisprudence a-t-elle admis qu'un inventaire authentique, antérieur à la vente, pouvait remplacer cette désignation et cette estimation à faire dans le contrat (arrêt de cassation du 5 mai 1817); que, dans une cession d'immeubles et de la jouissance des fruits pour les années antérieures, il suffisait d'établir un prix distinct pour les fruits. (Arrêt de cassation du 21 octobre 1811.)

§ 3. — Il faut déterminer la valeur sur laquelle on doit asseoir le droit proportionnel.

N° 1.

Le droit proportionnel étant une quotité proportionnée à la valeur de l'objet transmis, il faut nécessairement connaître cette valeur pour déterminer la quotité du droit.

Le titre 2 de la loi du 22 frimaire an 7 traite des valeurs sur lesquelles le droit proportionnel est assis.

Tout ce qui est dans le commerce a une valeur; il serait néanmoins difficile de faire concevoir la valeur d'un objet sans terme de comparaison. L'argent de cours ou espèces métalliques sont nos termes de comparaison. Pour percevoir le droit proportionnel, il faut donc connaître ce que l'objet transmis, liquidé, colloqué, etc., vaut en numéraire.

Point de difficultés pour les transmissions de sommes d'argent, pour les choses transmises moyennant un certain prix consistant en une somme d'argent; mais, si les transmissions n'ont pas pour objet ou pour cause des sommes d'argent, il faut avoir recours à un mode d'évaluation. Le titre 2 de la loi du 22 frimaire an 7 prescrit donc de déterminer la valeur de l'objet transmis d'après les sommes énoncées dans les clauses des contrats, ou fait connaître comment on pourra convertir en valeur métallique la valeur des objets transmis sans appréciation métallique.

Toute obligation a un objet et une cause; l'objet que le vendeur s'oblige à livrer est l'objet de son obligation, laquelle obligation a pour cause le prix qu'il doit recevoir. Au contraire, le même prix est l'objet de l'obligation de l'acquéreur qui doit recevoir l'objet vendu. Ainsi, d'une convention résultent diverses obligations : les mêmes

choses sont objets et causes d'obligations contractées. Nous ne pouvons donc pas dire si c'est l'objet ou la cause d'une obligation qui doit servir de
base à la perception du droit proportionnel; mais
nous pouvons affirmer que le droit proportionnel
ne peut pas être perçu tout à la fois sur la valeur
de l'objet et sur la valeur de la cause d'une même
obligation. Ainsi, dans la vente, l'objet vendu est
seul passible du droit proportionnel, tandis que
l'obligation de l'acquéreur qui donne lieu à la
transmission d'une somme d'argent n'est passible
d'aucun droit proportionnel.

« Dans le cas de transmission de biens, la quit
» tance donnée ou l'obligation consentie par le
» même acte, pour tout ou partie du prix entre les
» contractans, ne peut être sujette à un droit par
» ticulier d'enregistrement. » (Art. 10 de la loi du
22 frimaire an 7.)

Les transmissions de rentes constituées présentent à ce sujet une singularité. Y a-t-il cession volontaire, le droit est basé sur le capital constitué,
quel que soit le prix stipulé pour le transport :
au contraire, la rente est-elle adjugée par un tribunal, c'est le prix d'adjudication qui détermine
la quotité du droit proportionnel. (Arrêt de cassation du 1er avril 1816, Sir., 16, 2, 316.)

Quant au mode d'évaluation, voici les règles
générales que nous croyons pouvoir déduire de
la loi.

Ou la chose transmise est une somme d'argent,

ou elle est l'équivalent d'une somme d'argent ; dans les deux cas, la somme d'argent sert de base à la perception du droit proportionnel.

A défaut de somme d'argent, on a recours aux déclarations estimatives des parties, aux baux courans, aux mercuriales.

La déclaration faite par la partie doit déterminer la valeur de l'objet transmis, ou elle doit faire connaître la valeur du revenu de ce même objet : dans le premier cas, l'estimation faite par la partie sert de base au droit proportionnel, dans le cas où elle doit faire connaître le revenu de l'objet transmis ; que ce revenu soit seul l'objet de la transmission, comme dans le contrat de bail, ou que la transmission ait pour objet la chose dont on apprécie le revenu, la base du droit proportionnel est déterminée par le mode de capitaliser ce revenu, mode que la loi varie selon l'objet de la transmission, et qui ne peut pas s'étendre d'un cas à un autre.

La déclaration faite par la partie du revenu qui doit servir de base à la perception du droit proportionnel, doit être justifiée par des baux courans ou par les mercuriales.

La régie s'en rapporte à la bonne foi des parties, lorsque la déclaration ne peut être justifiée ni par des baux ni par des mercuriales ; voici comment :

Un bail ne fait pas connaître le revenu, on s'en rapporte à la déclaration de la partie.

Un bail fait connaître le revenu ; mais le revenu

est payable en nature. Le revenu désigné par le bail est apprécié d'après les mercuriales.

Mais le revenu indiqué par le bail n'est pas apprécié par les mercuriales; alors on s'en rapporte encore à la déclaration des parties.

Par quels baux doit-on justifier d'un revenu? et comment ce revenu doit-il être apprécié d'après les mercuriales?

Les baux courans sont les seuls qui servent de base à l'évaluation du revenu. Quant à la manière d'apprécier des denrées, la régie a substitué un décret aux dispositions de la loi. Ce décret, du 26 avril 1808, est ainsi conçu :

« Les décisions de notre ministre des finances
» des 10 messidor an 10 et 3 vendémiaire an 13,
» portant que pour les rentes perpétuelles ou via-
» gères, ou pour les baux à loyer ou à ferme,
» lorsque ces rentes ou baux sont stipulés payables
» en nature, ainsi que pour les transmissions par
» décès de biens dont les baux sont également
» stipulés payables en nature, l'évaluation soit du
» montant des rentes, soit du prix des baux sera
» faite d'après le taux commun résultant des mer-
» curiales des trois dernières années, sont approu-
» vées et maintenues. » (Inst. n° 386.)

N° 2. — Des charges.

La loi du 22 frimaire an 7 prescrit d'ajouter ou de ne point distraire les charges qui représentent la valeur de l'objet transmis ou qui diminueraient la valeur de ce même objet.

Les charges qui avec le prix représentent la valeur de l'objet vendu et qui sont pour le vendeur une chose qu'il acquiert soit directement soit indirectement, doivent être appréciées pour servir de base à la liquidation du droit. Si, au contraire, les charges ne représentent pas la valeur de l'objet transmis, si elles augmentent le prix de la chose transmise, comme cela arrive lorsque le vendeur s'oblige à payer les frais de vente qui tombent à la charge de l'acquéreur, pour la liquidation du droit ces charges doivent être déduites du prix.

Il n'en est pas de même du passif d'une succession, qui ne diminue en aucune manière la valeur de l'actif passible du droit proportionnel. Un fils hérite de son père, en valeur immobilière, de 100,000 fr. : le père devait 98,900 fr.; les 1,100 fr. de l'actif excédant sur le passif n'appartiennent pas au fils, ils reviennent au fisc, parce que le fisc doit percevoir un pour cent et le décime sur 100,000 francs; la même perception aurait eu lieu, le passif eût-il dépassé l'actif.

N° 3. — La loi détermine la valeur des objets transmis en distinguant les meubles des immeubles.

Les baux n'opèrent qu'une transmission de choses mobilières; néanmoins la loi du 22 frimaire an 7, art 14 et 15, établit une distinction entre les baux des biens meubles et les baux des biens immeubles; la seule distinction qu'indique la nature des baux, résulte de la différence qui existe entre les baux à loyer ou à ferme et les baux à cheptel.

Les baux à loyer ou à ferme étant stipulés pour un certain temps et pour un certain prix, il est facile de déterminer la valeur sur laquelle doit s'asseoir le droit; et cette manière nous paraît la même, que l'objet du bail soit un cheval ou un domaine, un meuble ou un immeuble.

Le prix d'un bail à ferme peut être stipulé de deux manières; il peut être énoncé en totalité ou en partie; s'il est énoncé en totalité on se conforme à l'article 14, n° 1, de la loi du 22 frimaire an 7; s'il est énoncé en partie, ce qui arrive lorsqu'il est convenu à raison de tant pour chaque année, alors on se conforme à l'article 69, § 1, n° 1, de la même loi, ou à l'article 1er de la loi du 16 juin 1824.

Le bail à cheptel a pour objet le profit qui doit se partager entre celui qui donne des animaux à cheptel et celui à qui il les confie; ce profit est indéterminé; d'un autre côté l'estimation donnée au cheptel dans le bail n'en transporte pas la propriété au preneur (art. 1805 et 1828 du Code civil). L'estimation ne fait donc que servir de base à l'appréciation du profit qui doit résulter du cheptel. Il est donc évident qu'il y a une grande différence entre cette estimation des animaux donnés à cheptel, et le prix d'un bail à loyer ou à ferme.

La loi du 16 juin 1824, art. 1er, au lieu de distinguer confond des choses incohérentes.

« Article 1er. Les baux à ferme au à loyer des

» biens meubles ou immeubles, les baux de pâtu-
» rage et nourriture d'animaux, les baux à cheptel
» ou reconnaissances de bestiaux, et les baux ou
» conventions pour nourriture de personnes, lors-
» que la durée sera limitée, ne seront désormais
» soumis qu'au droit de 20 centimes pour o/o sur le
» prix cumulé de toutes les années. »

On peut cumuler le prix des années que doivent durer des baux à ferme ou à loyer, des baux de pâturage et nourriture d'animaux, des baux ou conventions pour nourriture de personnes; mais, quel peut être le prix cumulé d'un bail à cheptel? Le profit qui est l'objet du contrat est une chose incertaine ou, indéterminée qui d'après la nature du bail à cheptel n'est jamais l'objet d'un prix stipulé ou appréciable.

Il y a dans la loi du 16 juin 1824, un défaut d'exactitude qui crée des difficultés pour la chose la plus simple; aussi la régie continue à appliquer le droit proportionnel aux baux à cheptel, d'après la valeur déterminée par l'art. 69, § 1er, n° 1, de la loi du 22 frimaire an 7, quoique la loi du 16 juin 1824 ait prescrit un mode d'évaluation.

N° 4. — Du droit d'usufruit.

Les lois qui traitent des valeurs sur lesquelles le droit proportionnel est assis, contiennent des dispositions particulières au droit d'usufruit, elles sont ainsi conçues :

« Si l'usufruit est réservé par le vendeur, il sera
» évalué à la moitié de tout ce qui forme le prix

» du contrat, et le droit sera perçu sur le total;
» mais il ne sera dû aucun droit pour la réunion
» de l'usufruit à la propriété : cependant, si elle
» s'opère par un acte de cession, et que le prix soit
» supérieur à l'évaluation qui en aura été faite pour
» régler le droit de la translation de propriété, il
» est dû un droit, par supplément, sur ce qui se
» trouve excéder cette évaluation. Dans le cas con-
» traire, l'acte de cession est enregistré pour le
» droit fixe. » (Art. 15, § 6, de la loi du 22 frimaire
an 7 ; art. 44 de la loi du 28 avril 1816.)

De l'ensemble de ces deux articles, il résulte ;
1° que la réserve de l'usufruit faite par le vendeur
n'empêche pas de percevoir le droit proportionnel sur la valeur de cet usufruit, comme s'il était
transmis; puisque pour la perception du droit,
on évalue cet usufruit à la moitié de tout ce qui
forme le prix du contrat ; 2° que c'est à titre de
supplément que l'on perçoit un droit proportionnel sur ce qui de l'acte de la cession d'usufruit, se
trouve excéder en valeur l'évaluation faite d'après
les bases de l'art. 15, § 6, de la loi du 22 frimaire
an 7 ; d'où il faut conclure que celui qui acquiert
la nue-propriété, est censé acquérir la propriété
entière; lorsque l'usufruit est réservé par le vendeur et qu'il y a transmission de la pleine propriété pour la perception du droit proportionnel,
quoique en réalité il n'y ait que la nue-propriété
de vendue. Ainsi, par exemple, cette fiction de la
loi oblige de liquider le droit proportionnel sur

trente mille francs, pour la vente d'une nue-propriété moyennant vingt mille francs, lorsque l'u-
sufruit est réservé par le vendeur.

Il ne résulte pas de là, que toutes transmissions
de la nue-propriété doivent donner lieu à une
pareille liquidation. Si le vendeur ne reste pas propriétaire de l'usufruit de la chose dont la nue-propriété est vendue, ou si cet usufruit est déjà dans
d'autres mains, le droit proportionnel est liquidé
d'après la valeur réelle de la nue-propriété. (Arrêts
de la Cour de cassation, des 8 janvier 1822, 3 janvier 1827.)

Quant à la réunion de l'usufruit à la nue-propriété, la loi porte :

« Il n'est rien dû pour la réunion de l'usufruit
» à la propriété, lorsque le droit d'enregistrement
» a été acquitté sur la valeur entière de la pro-
» priété. »

La loi garde le silence sur le mode d'apprécier
l'usufruit, lorsque le droit d'enregistrement n'a
pas été acquitté sur la valeur de cet usufruit et
qu'il y a réunion de cet usufruit à la nue-propriété.

Il résulte du système général des lois sur l'enregistrement, que l'acquéreur de la nue-propriété
est présumé acquérir la propriété entière et doit
payer le droit en conséquence, s'il n'est déjà propriétaire de l'usufruit.

Pour la transmission de la nue-propriété à titre
gratuit ou par succession, voyez l'art. 15, n° 7, de
la loi du 22 frimaire an 7.

Pour les transmissions à titre onéreux de la nue-propriété, voyez le n° 6, art. 15, de la même loi.

C'était en conséquence de ces dispositions que la loi reconnaissait qu'il n'était rien dû pour toute réunion d'usufruit à la nue-propriété.

Au lieu de poser en principe général que, pour la perception du droit, tout acquéreur de la nue-propriété devait être présumé acquérir la pleine propriété, la loi du 22 frimaire an 7 voulut appliquer ce principe par des dispositions particulières; il en est résulté que les dispositions spéciales ne comprenant pas tous les cas, la Cour de cassation a été obligée de reconnaître que l'art 15, § 6, de la loi du 22 frimaire an 7, n'était applicable qu'aux ventes avec réserve d'usufruit par le vendeur. Que, pour les cas où le vendeur ne restait plus propriétaire de l'usufruit, le droit ne devait être perçu que sur la valeur de la nue-propriété. (Voir les arrêts déjà cités.)

Ainsi, pour des transmissions qui, relativement à l'acquéreur, qui n'acquiert que la nue-propriété, sont identiques, il y a deux modes de percevoir le droit.

Ce n'est pas tout, l'article cité portant qu'il n'est rien dû pour la réunion de l'usufruit à la propriété, lorsque le droit d'enregistrement a été acquitté pour la valeur entière de la propriété, la Cour de cassation a été obligée de reconnaître que le droit qui n'avait pas été perçu sur la valeur de l'usufruit lors de la vente, devait l'être à l'extinction de cet usufruit. (Arrêt du 25 novembre 1829.)

La loi qui par des dispositions particulières a voulu établir que l'acquéreur de la nue-propriété paierait les droits sur la valeur entière de l'objet transmis, donne lieu à deux inconvéniens : 1° elle a deux modes de percevoir pour des transmissions de même nature et en tout point identiques.

2° Elle donne lieu à la perception du droit proportionnel, lorsqu'il est très douteux qu'il y ait transmission de propriété.

Il est, en effet, très douteux qu'il y ait transmission de propriété lors de l'extinction du droit d'usufruit.

N° 5.

Il peut y avoir erreur, fausse évaluation dans la manière de déterminer la valeur des objets transmis. Comment rectifier l'erreur et se préserver de la fraude ?

L'erreur ou la fraude dans l'appréciation des choses transmises, donne lieu à une lésion ; ou c'est le contribuable en payant trop, ou c'est le fisc en ne percevant pas assez qui se trouve lésé.

Si l'erreur dans l'évaluation qui a servi de base à la perception, provient de la violation des articles 14 et 15 de la loi du 22 frimaire, elle doit être rectifiée, n'importe sur quelle demande : c'est une erreur de droit.

Si l'évaluation faite d'après la loi n'est pas en rapport avec l'objet transmis, il y a alors erreur de fait. Le contribuable n'a pas d'action pour demander la restitution d'un droit auquel une telle erreur aurait donné lieu. Le fisc, au contraire, peut critiquer une estimation qu'il croit erronée. L'erreur reconnue, qu'elle soit commise sans ou avec intention de fraude, le contribuable devient passible d'une peine.

La lésion qu'éprouve le fisc par suite d'une fausse estimation, a beaucoup de rapports avec la lésion en matière civile.

La lésion est admise pour les ventes d'immeubles (art. 1674). La régie ne peut critiquer que la valeur des immeubles transmis (art. 17 de la loi du 22 frimaire an 7.) Tout ce qui peut résoudre, rescinder, annuler un contrat, ne paralyse pas l'action en lésion. Ces mêmes motifs ne sauraient en matière fiscale suspendre l'expertise, qu'il y ait pacte de rachat dans une vente, surenchère, action en nullité ou en rescision: la régie peut demander l'expertise.

En matière fiscale comme en matière civile, l'expertise sert à constater la lésion. L'autorité de la chose jugée contre laquelle l'action en lésion ne saurait prévaloir, repousse l'action d'expertise de la régie. Ainsi les transmissions judiciaires ou faites par autorité de justice ne sauraient être l'objet de réclamations fiscales, pour ce qui est des valeurs données aux immeubles transmis.

L'avis des experts en matière civile est exigé, non pour former la décision des tribunaux, mais seulement pour la préparer (art. 323 du Code de procédure). Il paraîtrait, au contraire, qu'en matière fiscale les juges sont liés par le rapport des experts (arrêt du 17 avril 1816), sauf aux tribunaux à ordonner de nouvelles expertises. (Arrêt du 24 juillet 1815.)

N° 6. — De la liquidation du droit proportionnel.

« Il n'y a point de fraction de centime dans la
» liquidation du droit proportionnel; lorsqu'une
» fraction de somme ne produit pas un centime de
» droit, le centime est perçu au profit de l'état. »
(Art. 5 de la loi du 22 frimaire an 7.)

« La perception du droit proportionnel suivra
» les sommes et valeurs de vingt francs en vingt
» francs inclusivement et sans fraction. » (Art. 2 de
la loi du 27 ventose an 9.)

« Il ne pourra être perçu moins de vingt-cinq cen-
» times pour l'enregistrement des actes et muta-
» tions dont les sommes et valeurs ne produiraient
» pas vingt-cinq centimes de droit proportionnel. »
(Art. 3 de la même loi.)

La fraction de centime qui existe pour la quotité du droit des donations mobilières par contrat de mariage (art. 53 de la loi du 28 avril 1816) doit disparaître du total du droit à percevoir.

La perception du droit proportionnel devant suivre les sommes et valeurs de vingt francs en vingt francs, il en résulte souvent que la quotité du droit dépasse la valeur de l'objet transmis.

6.

Le minimum du droit étant fixé à vingt-cinq centimes, les baux jusqu'à la valeur de cent francs, donnent lieu à la perception d'un droit supérieur à la quotité déterminée par la loi.

Quant aux actes judiciaires, le minimum du droit proportionnel est un droit fixe. Cette règle résulte des nᵒˢ 46, 47, 48, § 1ᵉʳ et nᵒ 7, § 3, de l'art. 68 de la loi du 22 frimaire an 7.

Le droit fixe est perçu lorsque la liquidation du droit proportionnel ne s'élève pas à une quotité supérieure aux taux du droit fixe.

CHAPITRE III.

DES DIFFÉRENTES TRANSMISSIONS DE PROPRIÉTÉ PASSIBLES DU DROIT FIXE OU ENREGISTRÉES GRATIS.

Tout privilége en matière d'impôt devient une surcharge pour le contribuable qui n'est pas privilégié. Il y aurait donc injustice d'exempter du droit proportionnel certaines transmissions de propriété, si ces exemptions n'avaient pas pour motif un intérêt d'utilité publique. Dans certains cas, la société doit protéger l'agriculture, le commerce; dans d'autres elle doit favoriser des transmissions qui tournent à son profit. Enfin, il existe des choses qui sont hors de la portée du législateur, et qui ne peuvent pas être imposées.

§ 1. — Des échanges de biens contigus.

« Les échanges d'immeubles ruraux ne paient » qu'un franc fixe pour tous droits d'enregis-

» trement et de transcription, lorsque l'un des im-
» meubles échangés est contigu aux propriétés de
» celui des échangistes qui le reçoit. » (Art. 2 de la
loi du 16 juin 1824.)

Pour la perception du droit fixe d'après cet article, deux conditions deviennent nécessaires; il
faut 1° que l'immeuble soit rural; 2° qu'il y ait contiguité d'un des immeubles échangés aux propriétés
de celui des échangistes qui le recevra.

Que doit-on entendre par immeuble rural. Les
biens sont immeubles, ou par leur nature ou par
leur destination, ou par l'objet auquel ils s'appliquent. (Art. 517 du code civil.) Qu'entend-on par
immeuble rural? L'adjectif rural doit ici limiter
l'idée générale que nos lois attachent au mot immeuble : or quelle restriction l'adjectif rural ap-
porte-t-il aux mots dont il devient l'attribut. Dans
le texte de nos lois, qu'entend-on par ces mots :
biens ruraux, fonds rural, baux ruraux, héritage
rural, employés dans les articles 1766, 1774, 1775,
1776 du code civil et 682 du code de procédure.
C'est sans doute ainsi que nous devons chercher
à déterminer le sens des mots immeubles ruraux
employés dans l'article 2 de la loi du 16 juin 1824;
car cette loi ne donne aucune définition.

D'après le code civil, on loue des maisons et
l'on afferme des héritages ruraux, des fonds ruraux, des biens ruraux. (Art. 1709.) D'après le code
de procédure (art. 682), le greffier est obligé de
mentionner dans un extrait les noms de l'arron-

dissement, de la commune, de la rue des maisons saisies; tandis qu'il indique sommairement les biens ruraux en autant d'articles qu'il y a de communes, lesquelles sont indiquées, ainsi que les arrondissemens; chaque article contiendra seulement la nature et la quantité des objets, et les noms des fermiers ou colons, etc. Le code de procédure comprend sous la dénomination de biens ruraux, tout ce qui, d'après le code civil, peut être affermé; tandis que les maisons font, d'après le code civil et le code de procédure, une classe d'immeubles à part. Cette distinction, écrite dans nos codes, peut-elle expliquer ce que l'on doit entendre par immeubles ruraux? Oui, sans doute; car l'adjectif rural, ajouté au mot immeuble, doit nécessairement conserver le sens que lui donnent les lois, lorsqu'il est l'attribut des mots héritage, fonds, biens, baux, etc.; d'où il faut nécessairement conclure que tous les immeubles qui peuvent être l'objet d'un bail à ferme ou pour lesquels, en cas de saisie, il faudrait remplir les formalités prescrites par l'art. 682, n° 4, du code de procédure, sont réputés immeubles ruraux.

Lorsque le législateur a voulu restreindre le sens du mot rural, il s'est servi d'une définition. L'art. 687 du code civil en fournit un exemple.

Ainsi, les maisons ou bâtimens étrangers à la culture des terres et leurs accessoires, et les choses qui s'y appliquent, ne sauraient jouir de la faveur du droit fixe, s'ils étaient l'objet d'un échange, n'importe leur situation, soit à la ville, soit à la campagne.

2° Deux immeubles sont contigus, lorsqu'il y a entre eux confrontation, lorsque l'un limite l'autre ; on doit aussi entendre par contiguité le rapport qui existe entre des droits indivis dans un immeuble; mais des droits distincts, comme par exemple la nue-propriété et l'usufruit, n'ont entre eux aucun rapport de contiguité.

L'art. 2 de la loi du 16 juin 1824 s'est introduit dans nos lois sous la forme d'amendement, et semblait avoir pour motif de réunir des propriétés rurales séparées ou enclavées. Les objets de ces échanges, disait-on, doivent être d'une mince valeur; il ne s'agit que de sillons épars que l'on cherche à réunir dans l'intérêt de l'agriculture. Ou l'on n'a pas su rédiger la loi dans le sens des motifs; ou la chambre, dédaignant les motifs allégués, a voulu que le droit fixe fût applicable, n'importe quelle serait la valeur des objets échangés. Car l'article, pour être relatif à des objets de mince valeur, devrait fixer le maximum de cette valeur, maximum qui ne peut être déterminé ni par la régie, ni par les tribunaux.

§ 2. — Biens situés soit en pays étranger, soit dans les colonies françaises où le droit d'enregistrement n'est pas établi.

Les biens situés à l'étranger n'étant pas sous la protection de la loi française, il est évident qu'on ne saurait leur imposer des droits qui ne peuvent être exigés qu'en raison de cette protection.

S'il arrive que les actes qui constatent des transmissions de ces biens soient rédigés en France ou produits en justice, ou mentionnés dans des actes publics, alors il devient nécessaire de soumettre ces actes à l'enregistrement.

Cette nécessité de pure forme a donné lieu à des aberrations fiscales, subversives du principe d'équité qui se reproduit dans l'art. 14 du code civil, pour ce qui est des étrangers, et qui faisaient taxer d'impôt les citoyens français sans leur offrir l'équivalent des charges qu'on leur faisait supporter. La faculté de pouvoir citer en justice, de reconnaître dans un acte un fait consommé, de constater même ce fait, peut être d'un grand intérêt pour des plaideurs ou des parties contractantes; mais l'enregistrement des actes qui, d'après notre législation, se réduit à une formalité fiscale, n'est point assez important pour être payé outre mesure. L'abrogation de l'art. 58 de la loi du 28 avril 1816 était donc un besoin de justice.

L'art. 4 de la loi du 16 juin 1824 a-t-il rectifié l'erreur commise par le législateur dans la loi d'avril 1816? Cet article est ainsi conçu :

« Les actes translatifs de propriété, d'usufruit
» ou de jouissance de biens immeubles situés, soit
» en pays étranger, soit dans les colonies françai-
» ses, où le droit d'enregistrement n'est pas établi,
» ne seront soumis, à raison de cette transmission,

» qu'au droit fixe de 10 fr., sans que, dans aucun
» cas, le droit fixe puisse excéder le droit propor-
» tionnel qui serait dû, s'il s'agissait de biens situés
» en France. »

Cet article nous soustrait en partie aux dispositions trop acerbes de la loi du 28 avril; car, dans
cet article, il n'est question que des immeubles,
ce qui doit encore faire regretter que les avis du
conseil d'état des 6 vendémiaire an 14 et 15 novembre 1806 ne soient pas passés dans la loi. Il
résultait de ces avis :

« Le droit proportionnel est un impôt qui ne
» peut atteindre les propriétés situées hors du ter-
» ritoire français; ce principe est applicable non
» seulement aux immeubles, mais encore aux actes
» passés en forme authentique dans les pays étran-
» gers et les colonies, contenant obligation ou mu-
» tation d'objets mobiliers, lorsque les prêts et
» placemens auront été faits et les livraisons pro-
» mises ou effectuées en objets de ces pays, et sti-
» pulées payables dans les mêmes pays et dans les
» monnaies qui y ont cours. »

§ 3.

« Les polices d'assurances maritimes ne sont
» assujéties qu'au droit fixe de 1 fr.; pour l'enre-
» gistrement, le paiement du droit proportionnel,
» fixé par l'art. 51 de la loi du 28 avril 1816, est
» perçu seulement lorsqu'il est fait usage de ces actes
» en justice. » (Art. 5 de la loi du 16 juin 1824.)

Les actes de prêts sur dépôts ou consignation de marchandises, etc. (art. 95 du code de commerce), ne sont aussi passibles que du droit fixe. (Art. unique de la loi du 8 septembre 1830.)

Les ventes de marchandises avariées par suite d'événemens de mer, et qui ne conservent plus la valeur fixée par le prix courant des mêmes espèces de marchandises, doivent être rédigées par un courtier de commerce ou par un autre officier public, pour être passibles du droit fixe. (Art. 56 de la loi du 21 avril 1818.)

Les ventes de navires, soit pour le tout ou pour les parties, donnent lieu au même droit. (Art. 64 de la même loi.)

§ 4.

L'art. 7 de la loi du 16 juin 1824 exemptait du droit proportionnel les actes d'acquisition et les donations et legs faits en faveur des départemens, arrondissemens, communes, hospices, séminaires, fabriques, congrégations, consistoires et autres établissemens publics légalement autorisés, lorsque les immeubles acquis ou donnés devaient recevoir une destination d'utilité publique et ne pas produire de revenus.

Pareille exemption avait aussi été créée 1° en faveur des hospices et des pauvres (arrêté du gouvernement du 15 brumaire an 12 et loi du 7 pluviose suivant); 2° en faveur des congrégations hospitalières (art. 11 du décret du 18 février 1809);

3° en faveur des fabriques (art. 81 du décret du 30 décembre 1809); 4° en faveur des hospices (art. 175 du décret du 30 décembre 1811); 5° en faveur des écoles secondaires ecclésiastiques (art. 67 du décret du 6 novembre 1813).

L'art. 17 de la loi du 18 avril 1831 a abrogé toutes ces dispositions exceptionnelles, soumettant au droit proportionnel les actes d'acquisition et les donations et legs faits au profit des départemens, arrondissemens, communes, hospices, séminaires, fabriques, congrégations, consistoires et autres établissemens publics. (Inst., n° 1362.)

§ 5.

Les mêmes motifs qui font créer des exceptions dans le but de soumettre certaines transmissions au droit fixe, dispensent de tout droit certains actes, certaines transmissions. Sont enregistrés gratis,

1° Les acquisitions et échanges faits par l'état, les partages des biens entre lui et des particuliers, et tous autres actes faits à ce sujet;

2° Les actes de poursuites et tous autres actes, tant en action qu'en défense, ayant pour objet, soit le recouvrement des contributions publiques et de toutes autres sommes dues à l'état, ainsi que des contributions locales, soit le recouvrement des sommes dues pour mois de nourrices; le tout lorsqu'il s'agit de cotes, droits et créances non excédant en total la somme de 100 fr.

Enfin, le § 3 de l'art. 70 de la loi du 22 frimaire

an 7 fait connaître les actes qui sont exempts de la formalité de l'enregistrement. Ajoutez à ces dispositions l'art. 121 de la loi sur la garde nationale.

CHAPITRE IV.

DROITS EN DÉBET.

Les droits en débet sont ceux qui ne peuvent être exigés ni perçus lors de l'enregistrement de l'acte : par exemple, ceux qui résultent de l'enregistrement des actes faits d'office par le juge de paix.

Les actes de police judiciaires et de poursuites, à la requête du ministère public ; sont aussi enregistrés en débet. Les droits de ces actes sont perçus conformément à l'art. 70 , § 1, n° 5, de la loi du 22 frimaire an 7., ainsi conçu :

« Il y aura lieu de suivre la rentrée des droits
» d'enregistrement de ces actes, procès-verbaux
» et jugemens, contre les parties condamnées,
» d'après les extraits des jugemens qui seront
» fournis aux préposés de la régie par les gref-
» fiers. »

Ces droits sont compris dans les frais de justice qui tombent à la charge des condamnés. Ainsi, le fisc qui s'est montré généreux envers des congrégations religieuses et des séminaires s'attache comme la rouille aux fers des citoyens que la religion et la morale devaient rendre meilleurs. Pour apprécier tout l'esprit de fiscalité qui poursuit les malheureux que la justice criminelle frappe de son glaive, nous allons traiter des frais de justice.

Des frais de justice.

Les frais de justice, qui comprennent des droits dè timbre et d'enregistrement, sont régis par un décret du 5 pluviose an 13 et par une loi du 5 septembre 1807.

Avant ce décret et cette loi, les témoins indiqués, soit par le ministère public, soit par l'accusé, étaient assignés aux frais du trésor public, et il n'existait aucun privilége en faveur du trésor, pour le remboursement que les condamnés devaient faire de ces frais.

« Un citoyen malheureusement enveloppé dans
» une procédure criminelle, disait M. Treilhard,
» doit éprouver une protection spéciale de la loi
» jusqu'à ce qu'il soit condamné; tous les moyens
» de défense lui sont permis; la société doit même
» lui en faciliter l'emploi : elle est partie dans tou-
» tes les affaires de cette nature; si elle gagne sa
» cause quand un coupable est condamné, elle en
» gagne une bien plus douce lorsqu'un innocent
» est absous; mais cette maxime, si pure dans son
» principe, est devenue funeste par l'abus qu'on
» en fait tous les jours. »

C'est d'après de tels motifs qu'on a proposé et adopté l'art. 2 du décret ainsi conçu :

« Les citations et significations faites à la requête
» des prévenus ou accusés seront à leurs frais,

» ainsi que les salaires des témoins qu'ils feront en-
» tendre, etc. »

Sans critiquer cet article, nous demandons si
cette maxime, que M. Treilhard trouvait si pure
dans son principe, ne pourrait pas prévaloir contre un esprit de fiscalité qui fait percevoir des
droits de timbre et d'enregistrement, sur les citations et les significations faites pour la défense des
accusés.

Ce n'est pas tout, après avoir refusé de faciliter
l'accusé dans ses moyens de défense, par la loi du
5 septembre 1807, on éloigne de lui tous ceux qui
pourraient lui fournir l'argent qui lui est nécessaire pour payer les frais mis à sa charge. Qui ose-
rait faire des avances à un accusé lorsque les frais
de poursuite ont un droit de préférence sur les
avances faites pour la défense de l'accusé ?

Un citoyen malheureusement enveloppé dans
une procédure criminelle n'a pas seulement besoin
d'épuiser ses faibles ressources contre la misère
des cachots ; pour pourvoir à sa défense, il faut
encore qu'il puisse satisfaire les exigences du fisc.

Disons-le, parce que nous en avons été témoin,
contre tant de fiscalité, le prévenu trouve son refuge dans la philanthropie du ministère public qui
accuse, ou de l'avocat qui défend (1). S'il n'en était

(1) Il est d'usage au palais que sur la demande de l'avocat,
le ministère public fasse assigner les témoins à décharge, indiqués par l'accusé.

pas ainsi, on serait obligé de déclarer à l'accusé : Si vous ne craignez pas l'accusation, redoutez la régie.

Ce qui est relatif à l'accusé peut s'appliquer à la partie civile qui se trouve responsable des frais faits par la partie publique.

Quelle que soit la position malheureuse d'un accusé, d'un condamné, d'une partie civile, le fisc n'en est pas moins avide de leurs dépouilles.

Veut-on savoir où mène une telle législation ? Qu'on se rappelle les récriminations que fit entendre M. Dupin à la chambre des députés au sujet de la vente des meubles de la victime de Contrafatto ; et, alors, on ne doutera plus que le fisc devient souvent le complice du crime pour conjurer la perte des malheureux.

CHAPITRE V.

DU PAIEMENT DES DROITS ET DE CEUX QUI DOIVENT LES ACQUITTER.

§ I.

L'enregistrement des actes n'est pas, comme leur transcription au bureau des hypothèques, une formalité nécessaire à la conservation des droits acquis. Tout l'avantage que retire le contribuable, c'est de pouvoir donner une date certaine à un acte sous signatures privées (art. 1328 du code civil); d'invoquer l'enregistrement comme commencement de preuve par écrit avec le concours dès circonstances prévues par l'article 1336 du code civil.

Le contribuable n'est pas porté par son intérêt à payer des droits d'enregistrement. La loi fiscale a donc dû créer des nécessités qui ne résultaient pas de la nature des choses imposées. Pour faire illusion au contribuable, pour lui dissimuler le peu d'avantage qu'il retire de l'impôt en raison de la quotité des droits, la loi fiscale rattache, autant que possible, le paiement des droits à des faits qui font considérer l'impôt comme nécessaire.

Pour plaider, il est nécessaire de faire enregistrer les titres qu'il faut produire en justice. Sous les formes de notre procédure se glissent une multitude de droits qui se confondent dans les taxes de frais avec ce qui revient aux huissiers, aux avoués, aux avocats; le plaideur n'a plus son offrande à déposer sur l'autel de la justice, mais il se trouve dépouillé par le fisc à l'entrée et à la sortie du sanctuaire.

Des parties contractantes veulent revêtir de l'authenticité des conventions arrêtées. C'est le notaire qui, en percevant ses honoraires, perçoit l'impôt.

Les actes que l'on veut produire en justice, ou mentionner dans des actes publics, doivent être enregistrés : les fonctionnaires publics ne peuvent rien constater qu'ils n'aient fait consigner des droits d'enregistrement. S'agit-il de mentionner dans un acte, un acte non enregistré, si l'acte non enregistré est public, il faut se conformer à l'article 56 de la loi du 28 avril 1816. Si c'est un acte privé, il faut se conformer à l'art. 13 de la loi du 16 juin 1824. Dans les deux cas, le fonctionnaire public est chargé de percevoir pour la régie.

Il en est de même pour les actes que rédigent tous les fonctionnaires publics (art. 28 et 29 de la loi du 22 frimaire an 7). Les articles 37 de la loi du 22 frimaire an 7, et 38 de la loi du 28 avril 1816, indiquent les formalités que doivent observer les greffiers pour n'avoir point à répondre des droits qui résultent des jugements et arrêts dont ils gardent les minutes. Les contributions indirectes, assure-t-on, augmentent en raison de la prospérité d'un état. On peut ajouter que les droits d'enregistrement doivent aussi leur accroissement à l'ignorance, à la mauvaise foi et à l'esprit de chicane des contribuables. Ceux qui savent écrire, ceux qui sont de bonne foi et qui redoutent des procès n'ont recours aux notaires et aux tribunaux que dans certaines circonstances.

La nécessité de faire enregistrer des actes pour plaider ou pour les mentionner dans des actes publics, les obligations imposées aux fonctionnaires publics de soumettre à l'enregistrement tous les actes qu'ils reçoivent, donnent lieu à la perception de droits qui frappent sans distinction de choses toutes sortes de transmissions. Si les contribuables reconnaissent et exécutent de bonne foi ce qu'ils ont constaté et arrêté entre eux, s'ils peuvent se passer de fonctionnaires publics, les exigences fiscales sont moins multipliées; les contribuables ne sont obligés de faire enregistrer leurs actes sous signatures privées, qu'autant que ces actes portent transmission de propriété, d'usufruit, de jouissance d'immeubles (art. 22 et 23 de la loi du 22 frimaire an 7). Et à défaut d'écrits, les parties ne doivent faire de déclaration à la régie que des transmissions de propriété et d'usufruit d'immeubles (art. 4 de la loi du 27 ventose an 9).

Ainsi, un bail sous signatures privées doit être enregistré, tandis que pour un bail verbal le fisc n'a rien à percevoir. Cette différence résulte de ce que, par la loi du 22 frimaire an 7, on avait eu en vue d'imposer, dans tous les cas, les transmissions de propriété, d'usufruit, de jouissance d'immeubles, et que le système de la loi, art. 12 et 13, s'est trouvé changé par l'art. 4 de la loi du 27 ventose an 9, qui ne prescrit de déclaration que pour les transmissions de propriété et d'usufruit des immeubles. (Arrêts des 12, 17, 24, 26 juin et 3 décembre 1811.)

Les successions réglées soit par la loi, soit par les dispositions de l'homme, transmettent toutes sortes de biens. Pour ces transmissions, les héritiers, légataires ou donataires, sont obligés de déclarer à la régie tout ce dont se compose l'actif de la succession, et ces droits sont perçus sur tout l'actif, sans distinction de biens et sans soustraction du passif (art. 24 et 15 de la loi du 22 frimaire an 7).

En résumé, la transmission résulte-t-elle du droit de succéder ou d'un acte retenu par un fonctionnaire public dont les actes sont passibles d'enregistrement, le contribuable est obligé de payer des droits, n'importe quel soit l'émolument de la succession ou l'objet de l'acte.

L'acte est-il sous seing privé, le contribuable n'est obligé de le présenter à l'enregistrement que tout autant que cet acte porte transmission de propriété d'usufruit ou de jouissance d'immeuble.

Enfin, si les conventions des parties ne sont pas écrites, le contribuable n'est obligé envers le fisc que tout autant qu'il acquiert des droits d'usufruit ou de propriété sur un immeuble.

§ 2. — Des offres et consignations de droits que doivent faire les contribuables qui requièrent l'enregistrement d'un acte ou qui veulent faire déclaration d'une transmission.

« Les droits des actes et ceux des mutations par
« décès seront payés avant l'enregistrement aux
» taux et quotités réglés par la loi. Nul ne pourra
» en atténuer ni différer le paiement, sous le pré-
» texte de contestation sur la quotité, ni pour
» quelque autre motif que ce soit, sauf à se pourvoir
» en restitution s'il y a lieu. » (Art. 28 de la loi du
22 frimaire an 7.)

En d'autres termes plus conformes à la pratique, le préposé exige du contribuable les droits qu'il entend percevoir. Que les exigences du préposé soient fondées ou non, le contribuable doit se soumettre, sauf à se pourvoir en restitution. D'où il résulte que dans les différens qui s'élèvent au sujet d'une perception de droits, le préposé est toujours présumé avoir raison. La régie poussée par un esprit de fiscalité, les employés portés par intérêt à grossir leurs recettes, peuvent bien méconnaître ou ignorer les principes de justice qui doivent présider à la répartition de l'impôt : qu'importe, un employé dans son bureau doit avoir un caractère d'infaillibilité. Les recueils les plus volumineux de jurisprudence sont ceux composés des difficultés auxquelles la perception des droits d'enregistrement a donné lieu. Ces recueils attestent que les contribuables ont souvent raison de résister au fisc. Il serait absurde de soutenir que ces difficultés si multipliées naissent plutôt d'une résistance à la loi, que des exigences illégales des préposés ; que, pour la solution de difficultés qui se rattachent à l'interprétation des contrats et des lois civiles, il faut, dans certains cas, plutôt s'en rapporter à un jeune homme de 21 ans, placé par la faveur, qu'aux fonctionnaires publics desquels la loi exige un âge plus élevé et dont la capacité a été soumise à des épreuves que la confiance du public renouvelle tous les jours. Il faut le reconnaître, les préposés de la régie perçoivent autant de droits qui ne sont pas dus, qu'il peut y avoir de droits perçus contre lesquels les contribuables font des réclamations qui ne sont pas fondées. Prescrire au contribuable de se soumettre aux exigences du

fisc avec la faculté de se pourvoir en restitution ,
c'est souvent le mettre dans la position d'un innocent qu'une accusation injuste conduit devant les
tribunaux, avec cette différence, que le contribuable ne trouve pas dans la régie les garanties que
l'accusé rencontre dans les lumières , l'impartialité
et le défaut d'intérêt de son accusateur.

Si, pour la perception de l'impôt, il faut conférer aux employés les pouvoirs qu'ils exercent en
vertu de l'art. 28 de la loi du 22 frimaire an 7,
s'il faut, en un mot, mettre provisoirement la fortune des contribuables à la merci du fisc, disons-
le avec Montesquieu, tout autre impôt serait préférable à celui qui nécessite tant d'arbitraire.

L'arbitraire constaté, voyons si la régie n'en
abuse pas. Un notaire de Pamiers présenta à l'enregistrement un acte portant vente avec clause
expresse que le prix de la vente serait déterminé
par un tiers (art. 1592, code civil) ; le receveur
exigea un énorme droit proportionnel. Le notaire
soutenait, avec raison, que la vente ne portait
pas transmission de propriété, que son acte n'était
passible que du droit fixe ; le receveur, approuvé
par son directeur, refusa d'enregistrer l'acte, si le
notaire ne se soumettait pas à ses exigences. Sur
le refus du notaire, l'acte ne fut pas enregistré.
Aînsi, le receveur qui, au terme de l'article 56 de
de la loi du 22 frimaire an 7, devait enregistrer
l'acte, put se soustraire à cette obligation en exi-
geant des droits qui n'étaient pas dus. (Voyez

BIBLIOTHÈQUE ROYALE

Sirey, tome 26, 2, 264.) Comme on le voit, en vertu de l'article 28 de la loi du 22 frimaire an 7, les contribuables peuvent être forcés à payer des sommes qu'ils ne doivent pas et qui souvent ne sont pas à leur disposition, où ils sont obligés de renoncer au bénéfice de leurs transactions, jusqu'à ce que l'autorité de la chose jugée puisse ramener la régie à une juste application de la loi.

Nous ne devons pas terminer sans faire une réflexion sur les formalités imposées aux fonctionnaires publics. Il est plus facile à un notaire de se conformer à la loi du 25 ventose an 11, que de remplir les formalités prescrites par les lois sur l'enregistrement. A-t-il un acte à rédiger? il doit calculer les droits que le fisc aura à percevoir; il doit examiner si tous les titres qu'il relate sont enregistrés; il doit faire des mentions spéciales pour les sous seings-privés et pour les actes qui ne sont pas enregistrés. Aussitôt l'acte signé par les parties, il faut l'inscrire sur un répertoire. Toutes ces formalités sont les plus agréables, car elles ne nécessitent pas le déplacement du notaire; mais l'acte casé parmi les minutes de l'étude devra, dans les dix ou quinze jours, être présenté au bureau de l'enregistrement. Le notaire obligé de se déplacer pourra être retenu vingt-quatre heures par le receveur qui enregistrera l'acte, tout autant qu'on aura satisfait ses exigences, seraient-elles illégales. Ce n'est pas tout; l'étude du notaire doit toujours être ouverte aux employés du fisc, ce qui, dans une autre administration, s'appelle être soumis à l'exercice. Nous ne parlons pas de certaines formalités relatives aux patentes, à la tenue, au visa des répertoires, aux ventes publiques de meubles, etc.; nous n'examinons pas s'il serait possible d'être plus économe du temps qu'on fait perdre aux fonctionnaires, si l'on voit toujours dans quel but ces formalités sont exigées ; nous nous bornons à faire des vœux pour qu'elles soient le moins vexatoires possible pour des fonctionnaires qui, dans des postes honorables et indépendans, éprouvent toute la parcimonie d'une régie soupçonneuse et trop souvent ridicule par les prétentions de ses employés.

On doit cependant reconnaître qu'il vaut mieux soumettre les fonctionnaires à des formalités qui puissent être des garanties pour le trésor, que d'autoriser la régie à élever des soupçons de fraude contre des actes publics. Ces formalités, quoique onéreuses pour le contribuable, ne laissent pas après elles ce sentiment pénible que vous fait éprouver un employé qui, avec autant d'ignorance que de cupidité, cherche dans un acte ce qui n'y est pas. Quant à présent, il ne s'agit pas d'opter entre ces deux inconvéniens ; ils sont tous les deux inévitables.

CHAPITRE VI.

DES DÉLAIS POUR L'ENREGISTREMENT DES ACTES ET
DÉCLARATIONS.

Les huissiers, les notaires, les greffiers de tous tribunaux et cours, les maires, doivent soumettre à l'enregistrement leurs actes dans des délais déterminés par la loi. (Art. 20 de la loi du 22 frimaire an 7.)

Les actes sous seings-privés portant transmission de propriété d'usufruit de jouissance, les transmissions sans titre de propriété et d'usufruit seulement, les déclarations de successions se trouvent assujétis à l'enregistrement dans des délais prescrits par la loi. (Id. et 4 de la loi du 27 ventose an 9.)

« Dans les délais fixés par les articles de la loi
» du 22 frimaire an 7, pour l'enregistrement des
» actes et des déclarations, le jour de la date de
» l'acte ou celui de l'ouverture de la succession ne
» sera point compté. » (Art. 25, id.)

Le code de procédure est moins rigoureux.

Le jour de la signification ni celui de l'échéance ne sont jamais comptés pour le délai général fixé pour les ajournemens, les citations, sommations et autres actes faits à personne ou à domicile. (Art. 1033.)

Il est un usage, consacré par des décisions ministérielles, qui abrège encore les délais fixés par la loi de frimaire an 7. Un employé peut, sans encourir le blâme de son administration, tenir son bureau fermé avant huit heures du matin et après quatre heures du soir. Le code de procédure offre encore plus de latitude que la régie.

« Aucune signification ni exécution ne pourra
» être faite, depuis le 1ᵉʳ octobre jusqu'au 31 mars;
» avant six heures du matin et après six heures du
» soir; et depuis le 1ᵉʳ avril jusqu'au 30 septembre,
» avant quatre heures du matin et après neuf heu-
» res du soir. » (Art. 1037.)

L'art. 68, § 1, n° 40, de la loi du 22 frimaire an 7, qui fixe à vingt-quatre heures le délai d'enregistrement d'un résiliement pur et simple, doit s'entendre d'un jour à l'autre.

Pour dire que les jours de fête légale ne sont pas comptés, s'ils se trouvent être un jour d'échéance, la loi de frimaire se sert d'une circonlocution difficile à adapter au calendrier grégorien. Car, enfin, que pouvons-nous mettre à la place des jours complémentaires?

CHAPITRE VII.

DES PEINES POUR DÉFAUT D'ENREGISTREMENT ET DES PAIEMENS DE DROITS.

Pour le recouvrement des droits d'enregistrement, la loi impose des obligations aux fonctionnaires publics et aux contribuables. De l'inexécution de ces obligations résultent des contraventions.

Les peines qui répriment ces contraventions consistent à annuler des actes ou à percevoir des amendes, des demis, des doubles, des triples droits aussi à titre d'amendes.

Nul impôt, nulle peine sans loi. (Art. 38 de la Charte et 4 du code pénal.)

Les nullités ne peuvent être établies que par la loi; la loi seule a le pouvoir de les prononcer. (D'Aguesseau, tome 8, page 74; Denisart, etc.)

De la combinaison de ces principes résulte le système pénal établi par les lois sur l'enregistrement.

§ 1. De la nullité des actes comme peine fiscale.

La loi du 22 frimaire an 7 annulle :

1° Les exploits des procès-verbaux non enregistrés dans les délais. (Art. 34.)

2° « Toute contre-lettre sous signature privée » qui aurait pour objet une augmentation de prix » stipulé dans un acte public ou dans un acte sous » signature privée précédemment enregistré. » (Art. 40.)

Des intérêts majeurs se rattachent souvent à la validité d'un exploit; c'est une prescription que l'on veut prévenir; c'est un droit qui doit être exercé dans un temps déterminé. La loi compromet donc des fortunes pour assurer au fisc la perception de 1 fr. à 10 fr. Une peine exorbitante pour un mince intérêt peut donc frapper le contribuable qui n'a point eu l'intention de frauder.

La nullité d'une contre-lettre qui augmente le prix stipulé dans un acte public ou sous signature privée, peut causer un préjudice à des créanciers qui ont droit au prix de la vente; au lieu de punir l'acquéreur, seul obligé à payer les droits et seul coupable, la loi récompense sa mauvaise foi. Il peut volontiers payer des triples droits à la régie, si la loi le dispense de payer une partie du prix de son acquisition.

La nullité d'un acte, comme peine fiscale, ne peut que favoriser la mauvaise foi; il est reconnu, en jurisprudence, que l'art. 1321 du code civil abroge l'art. 40 de la loi du 22 frimaire an 7 (arrêt de cassation du 17 janvier 1830 : Sir., 19, 1, 151); qu'il ne faut pas multiplier les nullités de forme : ainsi, les rigueurs du fisc disparaissent devant la sagesse de nos lois civiles. Il est probable que de telles pénalités ne se reproduiront pas dans un système financier qui ne doit, en aucune manière, empiéter sur nos codes.

§ 2. — Des peines pécuniaires.

Le principe qui a repoussé de notre législation la confiscation des biens d'un coupable devrait apporter des modifications dans nos peines fiscales.

On reconnaît que les peines ne doivent frapper que ceux coupables de contraventions : pourquoi ne pas arrêter les rigueurs de la loi lorsqu'elles peuvent frapper des tiers?

Un négociant a fait faillite; une succession est déclarée vacante ou transmise à des héritiers légitimes ou institués. Si vous percevez des peines pécuniaires sur les actes du défunt ou du failli, ce sont les créanciers, les héritiers que vous punissez. Les peines pécuniaires augmentent un passif que la faillite ou la mort ont déterminé. Pour restreindre autant que possible cette rigueur de la loi, nous allons faire une distinction qui est admise par la jurisprudence.

Les fonctionnaires publics, les officiers ministériels (loi du 22 frimaire an 7); les nouveaux possesseurs (art. 4 de la loi du 27 ventose an 9); les héritiers, légataires, les tuteurs des mineurs, sont ceux dont les contraventions fiscales ne peuvent pas être punies dans les personnes des créanciers ou des héritiers, parce que la loi frappe ici la personne du contrevenant; tandis que pour les actes sous signature privée (art. 38) et pour les contre-lettres (art. 40 de la loi du 22 frimaire an 7), ce n'est pas la personne contractante, mais plutôt l'acte qui devient passible de la peine. Cet acte, dans les mains des créanciers, des héritiers, est passible du double ou du triple droit.

Nous ne devons pas passer sous silence certains doubles droits exigés pour des plus values données par suite d'expertises à des immeubles transmis soit à titre onéreux, soit à titre gratuit, soit par l'effet de succession.

La loi du 22 frimaire an 7 conférait à la régie

l'action en expertise pour critiquer les estimations données aux immeubles transmis, lorsque ces estimations paraissaient être inférieures à la valeur vénale de ces immeubles, par comparaison avec les fonds voisins de même nature.

Mais des immeubles n'ayant pas une valeur qui puisse être la même pour tout le monde, cette valeur pouvant varier du plus au moins, il serait absurde de vouloir déterminer d'une manière absolue la valeur vénale d'un objet. Cette valeur vénale, déterminée par des experts, le sera du plus au moins dans les mêmes rapports qu'une estimation du même objet faite par le contribuable peut varier. On peut donc dire que, dans l'appréciation des objets, on doit considérer, comme représentant la valeur vénale d'un objet, plusieurs estimations différentes entre elles, par l'impossibilité de pouvoir motiver la préférence que l'on donnerait à l'une de ces estimations. Toutes les estimations qu'on ferait, en ajoutant un centime de mille francs à mille cinq francs, représenteraient également la valeur vénale d'un objet de mille francs. On ne peut pas, dans l'appréciation des choses, apporter une précision mathématique. De deux estimations différentes, l'une ne peut être présumée erronée, que tout autant qu'il existe entre elles une trop grande disproportion ; alors on est obligé de dire que l'une représente plutôt que l'autre la valeur de l'objet. Mais encore il pourrait y avoir sévérité et même injustice à infliger une peine à celui qui serait présumé avoir fait une estimation erronée. En conséquence de ces principes, la loi du 22 frimaire an 7 ne faisait supporter aucun double droit au contribuable, lorsque, par suite d'une expertise, il était obligé de payer à la régie un supplément de droit.

Il est fâcheux que l'art. 5 de la loi du 27 ventose an 9 ait ajouté à la sévérité des lois fiscales.

D'après les articles 17 et 19 de la loi du 22 frimaire an 7, la régie peut critiquer, par la voie d'expertise, l'estimation donnée à des immeubles transmis. S'agit-il d'une transmission à titre onéreux, les frais de l'expertise sont à la charge de l'acquéreur, lorsque l'estimation excède d'un huitième au moins le prix énoncé au contrat.

S'agit-il d'une transmission à titre gratuit ou par succession, les frais de l'expertise sont à la charge du donataire, de l'héritier; l'estimation excéderait-elle d'un centime la valeur donnée aux immeubles transmis. Enfin l'art. 5 de la loi du 27 ventose an 9 porte que « dans tous les cas où les » frais de l'expertise, autorisée par les art. 17 et » 19 de la loi du 22 frimaire an 7, tomberont à la » charge du redevable, il y aura lieu au double » droit d'enregistrement sur le supplément de » l'estimation. » Il faut donc que l'estimation excède d'un huitième au moins le prix énoncé au contrat, pour que l'acquéreur ait à supporter les frais d'un procès et des doubles droits d'enregistrement; tandis que ces mêmes frais, ces mêmes doubles droits sont à la charge du donataire, de l'héritier, si l'estimation faite par les experts excède d'un centime la valeur sur laquelle les droits ont été liquidés. Ainsi l'acquéreur qui a eu à apprécier l'immeuble acquis, pour ne pas le payer plus que sa valeur, peut, à un huitième près, déterminer la valeur sur laquelle les droits d'enregistrement doivent être liquidés; tandis qu'on exige, sous peine du double droit et de frais considérables, que le donataire, l'héritier, fassent connaître, à un centime près, cette même valeur, comme si, dans l'estimation des immeubles, on pouvait porter une précision mathématique. (Voyez arrêts des 11 mai 1824 et 9 mai 1826.)

La loi du 22 frimaire an 7 infligeait deux espèces d'amendes : les amendes fixes et les amendes progressives. Ces dernières ainsi nommées, parce qu'elles augmentaient en raison de la durée du retard à remplir une obligation. L'art. 10 de la loi du 16 juin 1824 a fait disparaître cette distinction.

« Les amendes progressives prononcées, dans
» certains cas, contre les fonctionnaires publics et
» les officiers ministériels, par les lois sur l'enre-
» gistrement et le dépôt des répertoires, sont ré-
» duites à une seule amende de dix francs, quelle
» que soit la durée du retard. »

Le second alinéa de cet article réduit ensuite les amendes fixes. Du rapprochement de la loi du 22 frimaire an 7 et de la loi du 16 juin 1824, il résulte que les amendes progressives et les amendes fixes se réduisent à deux amendes fixes:

L'une de dix francs, qui comprend toutes les anciennes amendes progressives et les amendes fixes de cinquante francs ;

L'autre de cinq francs, qui comprend les anciennes amendes au-dessous de cinquante francs.

Il serait difficile d'affirmer si c'est à titre d'indemnité pour des retards éprouvés, ou comme peine encourue que la régie exige des amendes ou des droits en sus. Les droits en sus et les amendes n'ont aucune des proportions qui déterminent soit l'indemnité qui doit réparer un préjudice, soit la peine qui doit réprimer une faute. Un acte est présenté à l'enregistrement après le délai prescrit par la loi, la peine pourra être au moins d'un franc pour un acte judiciaire, de dix francs pour un acte notarié. Pourquoi cette différence? Un notaire et un greffier coupables de la même faute ne doivent-ils pas être passibles de la même peine? Un notaire ne fait pas enregistrer dans le délai prescrit un acte, cet acte est passible de vingt-cinq centimes de droit; l'amende s'élèvera à dix francs. Si le droit de l'acte eût été, au contraire, de 10,000 fr., le notaire aurait eu à payer 10,000 fr. de droits en sus. Vingt-cinq centimes ne sont cependant pas à dix francs, comme dix mille francs à dix mille francs.

Si les amendes et les droits en sus sont des indemnités que réclame le trésor, ils doivent avoir pour règle la même proportion; si, au contraire, ils sont des pénalités, ils doivent être proportionnés à la faute. Voudrait-on combiner la pénalité qui frappe la faute avec l'indemnité revenant au trésor? Il faudrait que l'indemnité ne descendît pas au-dessous d'un minimum, pour qu'elle puisse punir; comme aussi il ne faudrait pas qu'elle dépassât un maximum, après lequel elle serait une peine outre mesure. On demande en vertu de quel principe de justice on exige dix mille francs de droits en sus, pour un retard de douze heures envers le fisc.

Le minimum des droits en sus est déterminé dans les proportions que se trouve déterminé le droit ordinaire. Souvent ce minimum est converti en amende; par exemple, le moindre droit en sus à percevoir sur un acte notarié non enregistré dans les délais, ne saurait être au-dessous de l'amende fixe de dix francs. (Art. 33 de la loi du 22 frimaire an 7, et 10 de la loi du 16 juin 1824.)

La même contravention donne souvent lieu à une amende et à des droits en sus.

CHAPITRE VIII.

DES ACTIONS EN RECOUVREMENT DES DROITS, DES PEINES PÉCUNIAIRES, ET DES INSTANCES.

§ 1.

Les obligations de payer des droits d'enregistrement et de supporter des peines pécuniaires, donnent lieu aux exigences fiscales.

Le contribuable est obligé de se soumettre aux exigences du fisc, lorsqu'il requiert l'enregistrement d'un acte, ou lorsqu'il fait déclaration d'une transmission. « Nul ne peut atténuer ni différer le » paiement des droits, sous le prétexte de contestation sur la quotité, ni pour quelqu'autre motif » que ce soit, sauf à se pourvoir en restitution, » s'il y a lieu. » (Art. 28 de la loi du 22 frimaire an 7.)

Lorsque les contribuables se refusent à acquitter des droits dûs ou des peines pécuniaires encourues, la régie peut décerner une contrainte (art. 64 *id.*). Cet acte de rigueur que les percepteurs ou les receveurs de deniers publics emploient pour le recouvrement des sommes dues au trésor, a l'effet d'un jugement auquel on peut faire opposition (64 *id.*).

« Si le prix énoncé dans un acte translatif de » propriété et d'usufruit de biens immeubles à titre » onéreux, paraît inférieur à leur valeur vénale à » l'époque de l'aliénation par comparaison avec les » fonds voisins de même nature, la régie pourra » requérir une expertise. » (Art. 17 *id.*)

« Il y aura également lieu à requérir l'expertise » des revenus des immeubles transmis en propriëté » ou usufruit à tout autre titre qu'à titre onéreux, » lorsque l'insuffisance dans l'évaluation ne pourra » être établie par actes qui puissent faire connaî- » tre le véritable revenu des biens. » (Art. 19 *id.*)

« Pour les droits des mutations par décès, le tré-
» sor aura action sur les revenus des biens à dé-
» clarer, en quelques mains qu'ils se trouvent,
» pour le paiement des droits dont il faudrait pour-
» suivre le recouvrement. » (Art. 32 *id.*)

Les actions de la régie se réduisent donc à exiger, par voie de contrainte, les droits et amendes
qui lui sont dûs; à provoquer l'expertise pour
fausse évaluation des immeubles transmis moyennant un prix inférieur à leur valeur vénale, enfin
à exercer un droit de suite sur les revenus des
biens à déclarer pour les mutations par décès.

Un avis du conseil d'état des 12 mai et 1er juin
1807 consacre ce principe que l'art. 1041 du code
de procédure n'abroge pas les formalités prescrites
par nos lois fiscales pour le recouvrement des
droits et la marche des instances de la régie.

Néanmoins, les lois fiscales présentent des la-
cunes ou des défectuosités qui obligent d'avoir
recours au code de procédure.

§. 2. — Des contraintes.

La loi n'oblige pas de faire précéder ce premier
acte de rigueur d'un avertissement; si l'exigibilité
du droit donne lieu à une difficulté, il n'est pas
nécessaire que la régie ait exercé le droit que lui
confère l'article 63 de la loi du 22 frimaire an 7.
La contrainte est valablement décernée quoiqu'on
n'ait employé aucun des préliminaires qui pourraient prévenir des frais ou des contestations.

8.

L'article 63 déjà cité est une disposition réglementaire qui n'intéresse que la régie sans lui donner la moindre juridiction sur les contribuables : c'est une prérogative administrative dans le but de conseiller, de diriger. Ce droit pourrait être assimilé au droit qu'exerçait le conseil d'état avant que d'avoir empiété sur le pouvoir judiciaire.

La contrainte est décernée par le receveur ou préposé de la régie. (Art. 64 *id.*)

Elle doit contenir, comme tout exploit introductif d'instance, l'objet de la demande et l'exposé sommaire des moyens (art. 61, code de proc.).

Le juge de paix du canton où le bureau qui doit recevoir les droits est établi, doit la viser et la rendre exécutoire. Pour cela faire, il doit examiner si elle est suffisamment libellée ; si la somme exigée est certaine, liquide, exigible. La contrainte, doit ensuite être signifiée par un huissier, ayant droit d'instrumenter, et n'a d'effet que pendant une année. (Art. 61 de la loi du 22 frimaire an 7.).

En tout état de cause, le contribuable peut interrompre l'exécution d'une contrainte par une opposition (art. 64 *id.*).

L'opposition à une contrainte faite par le redevable est un véritable ajournement dans lequel le redevable prend la qualité de demandeur, ce qui l'oblige à élire domicile dans la commune où siège le tribunal qui doit prononcer sur l'opposition. (Art. 64 *id.*)

Sauf l'obligation de constituer avoué, l'oppo-

sition doit revêtir toutes les formalités de l'ajournement.

§ 3. — De la demande en expertise.

La régie peut requérir une expertise pourvu
qu'elle en fasse la demande, savoir 1° dans l'année
à compter du jour de l'enregistrement des contrats, pour les ventes ; 2° dans deux ans pour les
fausses évaluations dans une déclaration. (Art. 17
et 61 de la loi du 22 frimaire an 7.)

L'article 18 de la même loi indique 1° le tribunal auquel doit être adressée la demande en expertise ; 2° comment on doit procéder à la nomination
des experts ; 3° les délais dans lesquels le tribunal
doit ordonner l'expertise et suppléer au silence du
défendeur qui refuse de nommer son expert ;
4° comment doit se vider le partage qui peut avoir
lieu entre les experts, et dans quel délai le procès-
verbal d'expertise doit être rapporté. Il faut donc
avoir recours au code de procédure,

1° Pour la récusation, la prestation de serment
des experts; pour l'acceptation de leur mission, et
pour la rédaction du procès-verbal de leur prestation de serment ;

2° Pour mettre les experts en état d'opérer et
pour faire consigner dans leur rapport les dires et
réquisitions des parties;

3° Pour la rédaction et pour le dépôt au greffe
du rapport;

4° Pour taxer les vacations des experts et pour

rendre cette taxe exécutoire contre la régie lorsqu'elle succombe.

La régie exerce ce droit pour le recouvrement
de droits de successions. En vertu d'une contrainte
décernée au redevable on peut faire, au préjudice
des tiers, saisir-brandonner les revenus des biens
dont il doit être fait déclaration.

Cette saisie est en exécution de la contrainte
décernée au redevable.

Comme le redevable, le tiers détenteur peut arrêter l'exécution de la contrainte par un ajournement signifié à la régie.

« L'introduction et l'instruction des instances
» ont lieu devant les tribunaux de première ins-
» tance : la connaissance et la décision en sont
» interdites à toutes autres autorités constituées
» ou administratives. » (Art. 65 de la loi du 22 frimaire an 7.)

La loi du 22 frimaire an 7, articles 63 et 65, se
conforme à cette distinction qui doit exister entre
le pouvoir administratif et le pouvoir judiciaire :
l'administration connaît des difficultés qui peuvent
s'élever relativement à la perception avant tout
procès. Les tribunaux, au contraire, ont seuls la
décision des différens qui s'élèvent entre la régie
et les contribuables.

« L'instruction des instances que la régie a à sui-
» vre pour la perception des droits d'enregistre-
» ment, se fait par simples mémoires respectivement
» signifiés sans plaidoirie. Les parties ne sont point
» obligées d'employer le ministère des avoués. »
(Art. 17 de la loi du 27 ventôse an 9.)

La signification des mémoires lie l'instance et
complète l'instruction. La partie qui ne produit
pas de mémoire fait défaut (arrêt du 11 mars 1812).

Les défenses doivent être produites dans le mois,
et le jugement doit être rendu dans les trois mois
de l'introduction de l'instance (art. 65 de la loi du
22 frimaire an 7).

Le jugement doit être rendu sur le rapport d'un
juge, fait en audience publique, et sur les conclusions du ministère pvblic.

Sauf la demande en expertise, la régie est toujours défenderesse pour exiger des droits ou des
amendes; elle n'a pas besoin de jugement puisque
ses contraintes sont exécutoires : néanmoins celui
qui devient demandeur par suite d'une opposition
faite à une contrainte, n'a point, en règle générale,
de preuve à fournir. C'est la régie qui a perçu ou
qui exige, qui doit justifier ses prétentions. Il reste
à examiner si le droit qu'elle a perçu ou qu'elle
exige est établi par une loi selon la nature de l'acte,
de la transmission de l'objet transmis, s'il est assis
et liquidé d'après la loi.

Soit pour les droits, soit pour les amendes, la
régie n'a pas foi en justice; les procès-verbaux de

ses employés ne prouvent rien ; elle doit montrer aux juges des preuves incontestables des faits qu'elle avance. Cette règle s'applique avec la même rigueur aux moindres renseignemens qu'elle veut invoquer.

« Si un acte dont il n'y a pas de minute, ou un » exploit, contient des renseignemens dont la trace » puisse être utile pour la découverte des droits » dus, le receveur aura la faculté d'en tirer copie, » et de la faire certifier conforme à l'original par » l'officier qui l'aura présenté. En cas de refus, il » pourra réserver l'acte pendant vingt-quatre heures » seulement, pour s'en procurer une collation en » forme. » (Art. 56 de la loi du 22 frimaire an 7.)

Cette disposition est applicable aux actes sous signature privée qui seront présentés à l'enregistrement.

Les jugemens ne doivent, en aucune manière, porter sur la question de fait. Les juges n'exercent aucun arbitraire sur la perception de l'impôt et des amendes d'enregistrement : toutes leurs décisions doivent être de la juridiction de la cour de cassation : aussi cette cour peut-elle être considérée comme le second degré de juridiction. (Art. 65 de la loi du 22 frimaire an 7.)

Tout ce qui est jugé contrairement aux principes que nous venons de poser donne ouverture à cassation.

CHAPITRE IX.

DES DEMANDES EN RESTITUTION DE DROITS INDUMENT PERÇUS ET DES REMISES DE DROITS.

§ 1.

L'article 28 de la loi du 22 frimaire an 7, reconnaît que le contribuable peut se pourvoir en restitution de droits indument perçus. Comment et devant quelle autorité le contribuable peut-il faire valoir ses réclamations.

On pourrait croire que l'on est obligé de se pourvoir auprès de la régie contre la fiscalité de ses préposés avant que d'introduire une instance. Le pouvoir conféré à la régie par l'article 63 de la loi ne peut, en aucune manière, agir sur le contribuable. Les pétitions en restitution de droits ne sont que des actes de politesse et n'ont rien des préliminaires de nécessité. Il est donc étonnant que la régie mette, avec si peu de ménagement, des frais de timbre et de correspondance à la charge des contribuables. La loi qui confère à la régie le droit de décerner des contraintes sans avis préalable, donne aussi au contribuable la faculté de se pourvoir en restitution par un acte judiciaire. Les frais de la contrainte et les frais de la demande en restitution tombent à la charge ou du contribuable, s'il devait l'objet de la contrainte, ou de la régie si la demande en restitution est fondée.

Qu'il y ait offre de payer un droit ou de restituer

122

une somme indument perçue, l'offre doit comprendre le coût de l'acte qui oblige à faire cette offre. Si la demande judiciaire en restitution de droits était dans tous les cas à la charge du contribuable, outre la violation manifeste de tout principe de justice, la régie aurait l'avantage de tirer parti de ses exigences illégales en percevant des droits de timbre et d'enregistrement sur des actes qu'elle aurait nécessités par la violation de la loi.

La demande en restitution est signifiée au receveur qui a perçu le droit, elle doit être dans les mêmes formes que l'opposition à une contrainte de la régie, elle donne lieu à la même instance, à la même manière de procéder et de juger. Du reste, dans tous les cas, le contribuable est demandeur quoique la régie soit obligée de prouver la légalité du droit qu'elle exige ou qu'elle a perçu. Il n'a de preuve à fournir que lorsqu'il se pourvoit en restitution de droits déjà perçus, comme par exemple, lorsqu'il forme une demande en restitution en vertu de l'art. 48 de la loi du 22 frimaire an 7.

§ 2. — Des remises de droits.

La perception de l'impôt est l'exécution des lois; ce n'est qu'en vertu de pouvoirs conférés par une loi, qu'une autorité publique peut accorder remise ou modération de droits établis. Mais un tel pouvoir, conféré à une autorité quelconque, pourrait faire dépendre la perception de l'impôt du plus ou moins de faveur que cette autorité accorderait aux contribuables. Les contribuables qu'on dispenserait d'acquitter des droits dus, jouiraient d'un privilége qui pourrait être considéré comme étant une injustice commise au préjudice des autres contribuables. L'article 59 de la loi du 22 frimaire an 7 nous paraît donc plein de sagesse. Voici ce qu'il établit :

« Aucune autorité publique, ni la régie, ni ses
» préposés, ne peuvent accorder de remise ou de
» modération des droits établis par la présente et
» des peines encourues, ni en suspendre ni faire
» suspendre le recouvrement, sans en devenir per-
» sonnellement responsables. »

Malgré les dispositions formelles de la loi, les ministres et la régie accordent des remises et des modérations de droits établis et de peines encourues, et en suspendent ou font suspendre le recouvrement.

Si la régie n'eût pas usurpé un pouvoir que lui refusait la loi, il est probable que l'esprit de fiscalité et les pénalités disproportionnées aux fautes que l'on trouve dans la loi du 22 frimaire an 7, auraient rendu l'impôt insupportable. Il aurait fallu refaire la loi, ou il en serait des droits d'enregistrement comme de certains autres droits indirects qui doivent leur discrédit autant à l'esprit de fiscalité qui présidait aux perceptions, qu'aux souffrances réelles des contribuables.

Le pouvoir que s'est arrogé la régie consiste à

faire remise, à modérer ou l'impôt ou des pénali- tés. En faisant remise, en modérant l'impôt, elle usurpe le pouvoir législatif, qui peut seul dégre- ver le contribuable.

En modérant, en faisant remise de pénalité, elle empiète sur le droit de grace, qui est une préro- gative royale.

Comme les droits d'enregistrement doivent ren- trer dans les caisses du trésor dans des délais dé- terminés; que tout atermoiement pourrait être un moyen de soustraire le contribuable au paie- ment d'amendes et de doubles droits, on peut dire que le roi peut seul suspendre le recouvre- ment de certains impôts, par cela qu'il a seul le pouvoir de faire remise des peines et qu'il préside à l'exécution des lois.

Cette faculté de suspendre la perception des impôts peut-elle avoir lieu en faveur de la per- sonne du roi? On a publié que les frais d'enregis- trement de la vente d'une grande forêt, faite au roi par un ancien ministre, n'avaient pas été ac- quittés. Nous sommes donc autorisé à poser cette question, que nous ne pouvons pas résoudre, parce qu'il s'agit encore de savoir si le roi peut avoir un patrimoine et une liste civile; s'il peut être homme d'affaires et roi; si la prérogative royale peut être impunément compromise par des agens ou par des ministres plus jaloux d'enrichir un roi que de l'honneur national.

CHAPITRE X.

DES DROITS ACQUIS ET DES PRESCRIPTIONS.

§ 1.

« Tout droit d'enregistrement perçu régulière-
» ment, en conformité de la présente, ne pourra
» être restitué, quels que soient les événemens ul-
» térieurs, sauf les cas prévus par la présente. »
(Art. 60 de la loi du 22 frimaire an 7.)

C'est en vertu de cet article que les conditions
résolutoires, les nullités radicales, les oppositions
ou appels ne produisent pas, en matière fiscale,
l'effet qu'ils produisent en matière civile. Les droits
régulièrement perçus sur les actes soumis à une
condition résolutoire ou dépendant d'une nullité
radicale, d'une opposition, d'un appel, ne sont
pas restitués, quoique par l'effet de la condition
résolutoire, du jugement qui admet la nullité radicale, l'opposition, l'appel, ces actes soient censés
n'avoir jamais existé.

Nous avons déjà démontré jusqu'où peut aller
l'application de cet article en nous occupant des
actes nuls d'après les articles 1599, 1690, 1691 du
code civil.

§ 2.

L'art. 2262 du code civil est la règle générale qui
régit les prescriptions : toutes les actions, tant réelles
que personnelles, sont prescrites par trente ans.

La loi du 22 frimaire an 7 déroge par des spécialités à cette règle générale ; voici comment :

Dans l'année, à compter du jour de l'enregistrement du contrat portant transmission à titre onéreux, on doit faire la demande en expertise : le délai est au contraire de deux ans pour les demandes en expertise relatives aux transmissions à tout autre titre qu'à titre onéreux. (Art. 17 et 61 de la loi du 22 frimaire an 7.)

La demande en expertise se prescrit donc, selon les cas, par un ou par deux ans.

La prescription est de deux ans opposée aux demandes de tous droits en sus ou amendes, aux demandes en supplément de perception insuffisamment faite ou fausse évaluation dans une déclaration ou en restitutions de droits, droits en sus et amendes. (Art. 61 de la loi du 22 frimaire an 7; 14 de la loi du 16 juin 1824.)

Pour les transmissions par décès, la prescription est de trois ans s'il s'agit d'omission de biens dans une déclaration, de cinq ans pour les successions non déclarées.

Il n'existe donc pas de prescriptions spéciales, contre les demandes de droits simples résultant d'actes non enregistrés, ou de transmissions établies conformément à l'art. 12 de la loi du 22 frimaire an 7.

On ne peut donc opposer à ces demandes que l'art. 2262 du code civil. (Sir., 1, 2, 566; id. 13 octobre 1806, cass.—Sir., 7, 2, 52; d. 5, 2, 52;—5, 19, 237; Sir., 7, 2, 973; 10 août 1807, cass.;—Sir.,

127.

7, 2, 263; 17 mai 1808, cass.;—Sir., 10, 1, 284.)

Les délais de préscriptions courent à partir de la date de l'enregistrement pour les demandes en supplément ou restitution de droits, droits en sus et amendes, et pour les demandes en expertise, ou faites pour cause d'omission de biens dans une déclaration.

Les délais de prescriptions courent, au contraire, pour une déclaration de succession, à compter du jour du décès; pour un acte public non enregistré, à compter du jour de sa date; pour l'acte sous seing privé non enregistré, à compter de la date certaine que cet acte aura acquise par le décès de l'une des parties contractantes ou autrement. (Art. 72 de la loi du 22 frimaire an 7.)

Enfin, pour les transmissions établies conformément à l'art. 12 de la loi du 22 frimaire an 7, du moment que ces transmissions auront eu une date certaine.

La contrainte de la part de la régie, la demande judiciaire en restitution de la part du contribuable, suspendent la prescription. On lit dans la loi :

« Les préscriptions ci-dessus seront suspendues »par des demandes signifiées et enregistrées avant »l'expiration des délais; mais elles seront acquises »irrévocablement, si les poursuites commencées »sont interrompues pendant une année, sans qu'il »y ait d'instance devant les juges compétens, quand » même le premier délai pour la prescription ne »serait pas expiré.»

CHAPITRE XI.

DE L'ORGANISATION DE L'ADMINISTRATION COMME GARANTIE
CONTRE TOUT ESPRIT DE FISCALITÉ DE LA PART DE LA RÉGIE.

« Il sera établi de nouvelles bases pour l'admi-
» nistration de l'enregistrement par une loi parti-
» culière.

» En attendant, les lois qui existent sur son or-
» ganisation, sa manutention et ses frais de régie,
» continueront d'être exécutées. » (Art. 71 de la loi
du 22 frimaire an 7.)

Cette loi particulière, promise par cet article,
n'existe pas; nous pouvons donc dire que les employés chargés du recouvrement des droits d'enregistrement, sont et agissent en dehors de notre
ordre légal.

Il importe fort peu aux contribuables que la
régie de l'enregistrement ait des prérogatives administratives; il suffit qu'elle ne puisse pas empiéter sur le pouvoir judiciaire. Le gouvernement est
le plus intéressé à déterminer les bases d'après lesquelles il doit régler son mode de perception de
comptabilité et ses opérations de trésorerie : on
ne peut exiger de lui que de l'économie. Une loi
qui prescrirait une manière de recouvrer et d'ad-
ministrer l'impôt serait contraire à la Charte. Les
articles 63 et 65 de la loi du 22 frimaire an 7, qui
circonscrivent les pouvoirs de la régie, et les lois
de budget qui déterminent les dépenses de l'ad-

ministration, répondent à notre besoin d'ordre légal sans entraver le pouvoir exécutif chargé de recouvrer l'impôt. Il ne suffit cependant pas de limiter les pouvoirs de la régie, de déterminer ses dépenses, il faut encore prévenir le contribuable de tout arbitraire. C'est sous ce rapport que se fait sentir le défaut de la loi promise par l'art. 71 de la loi du 22 frimaire an 7.

Un impôt qui, d'après Montesquieu, confère au fisc un pouvoir arbitraire sur les fortunes, doit offrir dans ceux qui le perçoivent la garantie que cet arbitraire sera concilié avec notre régime légal.

Dans le mandat de l'employé de l'enregistrement, on doit distinguer deux choses : le répartiteur et le receveur de l'impôt.

Répartiteur de l'impôt, il doit être un jurisconsulte dégagé de tout esprit de fiscalité, analysant des contrats, distinguant ce qui est de leur nature des choses qui y sont accidentelles, faisant l'application de nos lois civiles aux différentes transmissions de propriété, désignant, en un mot, l'objet qui doit supporter telle quotité d'impôt. C'est un magistrat qui rend une justice commutative; il doit être indépendant.

Sans élever des doutes sur le caractère, la probité, les lumières des employés de la régie, je suis obligé de reconnaître que le contribuable ne voit pas en eux tous les attributs que je viens d'énumérer. Jugeons-les d'après leur position administrative.

Des employés rendus étrangers à un ordre légal ne connaissent que l'autorité du ministre qui peut disposer de leur sort. Que leur importe la loi? s'ils peuvent invoquer des décisions, des instructions ministérielles. Le conseil d'état n'a-t-il pas décidé que les ordres des ministres étaient des lois pour les employés? Tous les abus de pouvoir ne sont-ils pas excusés par la signature d'un ministre, éditeur responsable de l'arbitraire? Les employés de la régie, devenus machines fiscales, se trouvent forcés de percevoir des impôts qui ne sont pas établis en vertu d'une loi; ils doivent, selon l'intérêt du fisc, interpréter les contrats, les lois civiles et les lois fiscales. Leur fidélité à la Charte, qui leur interdit de percevoir tout impôt illicite, leur respect pour les lois, consistent à exécuter, sans examen de conscience, les ordres d'un ministre.

Une loi sur la responsabilité des agens secondaires du gouvernement, et toutes les lois pénales, ne sauraient préserver le contribuable des abus de pouvoir que peut commettre la régie.

Comme les juges, les employés de la régie sont chargés d'interpréter les contrats et les lois civiles: comment trouver criminelles des interprétations qui, faites par des juges, ne pourraient être taxées que d'erreur; commment attribuer à une intention coupable ce qui peut être le fait de l'ignorance.

Il ne faut donc point entreprendre de réprimer un arbitraire qui ne peut pas être défini.

On objectera peut-être que les tribunaux offrent des garanties suffisantes aux contribuables contre tout esprit de fiscalité; que les employés ne doivent agir que dans le but de grossir leurs recettes.

Il faut donc que l'employé ait la cupidité de ces hommes qui méconnaissent le vrai sens des contrats et des lois pour augmenter leur fortune; il doit donc être un plaideur qui, n'ayant ni avoué ni avocat à payer, ni frais de poursuite à supporter, lutte contre un adversaire qui, pour obtenir justice, a plus à dépenser qu'il ne peut espérer d'un faire droit.

Il est très facile aux administrations de plaider; elles entrent gratis dans le temple de la justice, tandis que le contribuable est loin d'avoir un tel privilége. Offrir les tribunaux pour garantie de l'arbitraire de la régie, c'est laisser à la merci d'un esprit de fiscalité tous les contribuables qu'un intérêt trop minime ou des frais trop considérables éloignent des tribunaux.

Comme les juges, les employés de la régie sont chargés de l'interprétation des contrats et infligent des peines. Comme comptables, ils ne doivent percevoir d'impôt qu'en vertu d'une loi.

Ils deviennent les dépositaires des transactions des familles; ils veillent à la conservation des droits des citoyens.

Faut-il qu'ils offrent moins de garanties, de probité, d'honneur, de désintéressement, d'indépendance que les fonctionnaires publics placés sous leur surveillance? Les contribuables devront-ils toujours croire que toutes leurs stipulations sont soumises à un contrôle pour éprouver toute l'aspérité de la fiscalité.

CONCLUSIONS.

Pour rentrer dans la légalité, il faut, au plus tôt, refondre les lois sur l'enregistrement; il faut que les conditions qui rendent imposables des droits d'enregistrement soient appréciées par des hommes exerçant avec garantie pour les contribuables le pouvoir judiciaire.

Si le gouvernement s'obstine à conserver une législation qui n'est que le prétexte de l'arbitraire exercé sur les fortunes des contribuables, nous devons conclure contre une régie qui a corrigé la jurisprudence par des avis du conseil d'état, qui a abrogé des lois par des décrets, et qui, sous notre ordre constitutionnel, se rue contre les arrêts de la cour de cassation pour percevoir des impôts que le pouvoir judiciaire déclare illicites.

Si le gouvernement consent à refondre les lois sur l'enregistrement, et s'il tient à conserver dans les attributions de la régie le droit d'apprécier les conditions qui rendent passibles de droits d'enregistrement, les amis de la prospérité de la France doivent admettre, sans restriction, l'opinion de

Montesquieu, et chercher si l'on ne pourrait pas substituer aux droits d'enregistrement des droits de timbre.

Pour justifier la fin de nos conclusions, il serait à propos de reproduire l'opinion de Montesquieu et de comparer nos tarifs aux tarifs anglais; nous allons, quant à présent, donner un aperçu de ce dernier travail. '

L'expérience a fait voir qu'un impôt sur le papier sur lequel le contrat doit s'écrire, vaudrait beaucoup mieux. (Montesquieu, liv. 13, chap. 3.) Aussi, en Angleterre, les droits qu'on perçoit, par exemple, pour les transmissions d'immeubles, sont établis sur le papier sur lequel doivent s'écrire les contrats qui transmettent les immeubles. Celui qui sait faire usage, en France, d'un papier au timbre proportionnel, saurait, en Angleterre, quel droit il aurait à payer pour n'importe quelle transmission de propriété opérée en sa faveur. Rapprochons le tarif anglais des principaux droits d'enregistrement qui ont pour objet les transmissions d'immeubles.

TRANSMISSIONS D'IMMEUBLES.

TARIF ANGLAIS (1).			TARIF FRANÇAIS.
La livre sterling convertie à raison de 24 fr., le schelin 1 fr. 20 cent., le penny, 10 cent.			Les droits varient selon la nature des actes qui transmettent les immeubles.
VALEUR DES PROPRIÉTÉS TRANSMISES.		**MONTANT des droits.**	**DÉSIGNATION DES DROITS.**
Au-dessous de.........................	480	12	
480 et au-dessous de.........	1,200	24	Vente.............................. 6 05 p.o/o
1,200 —	3,600	36	Licitation, soulte de partage.......... 4 40 p.o/o
3,600 —	7,200	48	Echange............................. 2 75 p.o/o
7,200 —	12,000	72	Donation ligne directe............... 4 40 p.o/o
12,000 —	18,000	144	Donation entre époux............. 4 95 p.o/o
18,000 —	24,000	216	Donation ligne collatérale........... 7 15 p.o/o
24,000 —	48,000	288	Donation entre étrangers............ 9 35 p.o/o
48,000 —	72,000	600	Donation par contrat de mariage.....
72,000 —	96,000	840	Ligne directe...................... 3 03 p.o/o
96,000 —	120,000	1,080	Donation entre époux............... 3 30 p.o/o
120,000 —	144,000	1,320	Id. ligne collatérale............... 4 40 p.o/o
144,000 —	168,000	1,560	Id. entre étrangers................ 5 50 p.o/o
168,000 —	192,000	1,700	Donation portant partage............ 1 10 p.o/o
192,000 —	216,000	2,040	Tous les droits proportionnels sont liquidés
216,000 —	240,000	2,280	en suivant la valeur des objets transmis, de 20 fr.
240,000 —	300,000	2,640	en 20 fr., et sans fraction ; le minimum du droit
Pour les transmissions sans énonciation de prix, ci............................		42	étant fixé à 25 centimes.

(1) Pour rendre notre démonstration plus simple, nous ne parlerons point du droit progressif établi en raison de la quantité des mots employés dans la rédaction des contrats.

Dix-sept articles de droit proportionnel et un article au droit fixe indiquent, en Angleterre, le droit à percevoir sur des transmissions d'immeubles pour n'importe quelle valeur, s'il n'y a point énonciation de prix, et, dans le cas contraire, jusqu'à 3oo,ooo f.; tandis qu'en France , pour connaître les droits à percevoir sur n'importe quelles transmissions d'immeubles, seulement jusqu'à concurrence de 3oo,ooo fr., dernier chiffre de la valeur donnée dans le tarif anglais; il faudrait d'abord se livrer à toutes les abstractions du droit civil pour déterminer la nature des différens actes qui transmettent la propriété; puis on aurait au moins cent quatre-vingt mille opérations arithmétiques à faire (1).

Pour percevoir un impôt qui est mis, en Angle-

(1) Voici comment nous faisons ce calcul : les droits devant être liquidés en suivant les valeurs de 20 en 20, nous devons, pour toutes les valeurs au-dessous de 20, liquider le droit comme si ces valeurs s'élevaient à 20; pour toutes les valeurs au-dessus de 20, mais ne dépassant pas 40, le droit doit être liquidé sur 40; en suivant ainsi, les valeurs de 20 en 20 jusqu'à 3oo,ooo, dernier chiffre du tarif anglais, on a à faire 15,ooo liquidations de droits qui, répétées autant de fois qu'il y a de droits différens dans le tarif français, présentent seulement, pour le tarif comparatif que nous donnons, 180,ooo opérations arithmétiques à faire pour prévoir une partie des cas de perception, prévus par dix-huit articles du tarif anglais.

Si l'on veut critiquer nos calculs, on ne doit pas perdre de vue que nous ne nous occupons ni de la quotité ni de la répartition des impôts; mais seulement de l'assiette de l'impôt sous le rapport le plus favorable à la légalité et à la liberté.

terre, à la portée de celui qui sait lire, il faut, en France, toute la science d'un jurisconsulte, et toutes les connaissances spéciales de l'agent du fisc; il ne suffit pas de connaître le droit pour appliquer le tarif, il faut encore savoir composer et décomposer ce tarif. Prenons l'article de la vente pour exemple : les 6 fr. 5 cent. de droit à percevoir pour cent se composent d'un droit principal voté par une loi, d'un droit de transcription voté par une autre loi, et du décime pour franc voté par une troisième loi. On n'est point obligé, en Angleterre, de confier, pendant vingt-quatre heures à la discrétion de l'agent du fisc, les secrets de ses relations d'intérêt. Les fonctionnaires publics, les tribunaux, n'ont point, comme en France, à faire courir par les rues leurs minutes pour obéir à la loi fiscale. On a souvent cité Montesquieu et l'Angleterre pour créer des sommités sociales; pourquoi ne prendrait-on pas Montesquieu pour précepte et l'Angleterre pour exemple, lorsqu'on a à corriger l'arbitraire de nos lois fiscales.

BIBLIOTHÈQUE ROYALE

TABLE RAISONNÉE DES MATIÈRES.

Page 1.

gistrement.—Comment la régie a couvert l'inconstitutionnalité de certaines perceptions. — Des jugemens des tribunaux et des arrêts de la cour de cassation.—De l'esprit de fiscalité. — De l'incohérence de dispositions législatives provenant de nos lois fiscales et de nos lois civiles. — De la nature des contrats ; loi du 16 juin 1824 et du 8 septembre 1830, art. 1075 et 1076 du Code civil. — 95 du Code de commerce, donations portant partages , arrêts de la cour de cass. — Comment un jurisconsulte peut, avec ses connaissances en droit, résister au fisc.— Des choses qui sont seulement de la nature des contrats : art. 548, 397, 1025, 1075 du Code civil ; conventions matrimoniales avec toutes leurs modifications. — Des dispositions indépendantes ou ne dérivant pas nécessairement les unes des autres. — Du cautionnement. — De la stipulation d'hypothèque en garantie d'une lettre de change, d'un prêt sur dépôt. — De l'envoi en possession obtenu par les héritiers d'un absent.

CHAPITRE II.

Les droits d'enregistrement sont fixes ou proportionnels.

Page 35.

Article 1er Du droit fixe. — Les actes sont imposés du droit fixe, soit sous une dénomination spéciale , soit sous une dénomination générale , soit comme actes innomés. — Art. 2. Du droit proportionnel : 1° il faut qu'il y ait transmission de propriété; 2° les quotités du droit proportionnel doivent être fixées par la loi; 3° le mode d'asseoir le droit proportionnel sur des valeurs doit être réglé par une loi — § 1, n° 1. De la transmission de propriété 1° par succession; 2° par donation; 3° par l'effet des obligations. Art. 724, 1006, 1004, 1165, 1277, 1973, 1181, 1175, 1176, 1177, 1178, 1169, 1170, 1171, 1192, 1193, 1190 du Code civil. — La prise de possession n'est plus nécessaire pour opérer transmission de propriété. — Conséquence du principe que la transmission résulte du seul consentement des parties. — Ventes nulles passibles du droit proportionnel. — Exemple pris dans Pothier.—Arrêt de la cour de cassation.—Art. 1599, 1600, 1691 du Code civil. — N° 2. Pour la perception du droit proportionnel, il faut que la transmission de propriété ne dépende pas d'une condition suspensive, qu'elle ne soit pas subordonnée à l'option d'une alternative; il faut qu'elle soit immédiate. Art. 1583, 1584, 1121; arrêts de la cour de cass. — Avis du conseil d'état auquel la cour de cassation a soumis sa jurisprudence.—

Nº 3. Des surenchères et folles enchères, art. 2185 du Code civil; 710 du Code de procédure; 2189 du Code civil. — 69, § 8, nº 1 de la loi du 22 frimaire an 7, 715 du Code de procédure. — Nº 4. Déclaration d'adjudicataire, 709 du Code de procédure. — Art. 68, § 1, nº 24 de la loi du 22 frimaire an 7, arrêts de la cour de cassation. — Nº 5. De la formation d'une communauté entre époux; entre associés. — Nº 6. De la dissolution de la communauté; art. 1872, 883 du Code civil. — Nº 7. Des soultes et retours de partage et licitation. — Nº 8. De la condition résolutoire; art. 1040, 1176, 1302, 1658, 2123 du Code civil. — Du retour conventionnel; art. 951 du Code civil — De la révocation des donations pour cause de survenance d'enfans; art. 960, 961. — Retour légal, révocation des donations pour cause d'inexécution des conditions, pour cause d'ingratitude. Nº 9. Des nullités ou des rescisions des conventions; art. 68, § 3, nº 7 de la loi du 22 frimaire an 7; incapacité; minorité; interdiction; femmes mariées; morts civilement; erreur; violence; dol; art. 1119, 1174, 1131, 911, 912, 1079 du Code civil; art. 12 de la loi du 27 ventose an 9. — La résolution du contrat de vente faute de paiement de prix, est passible du droit proportionnel; art. 1138 du Code civil. — De la lésion; *idèm*, au préjudice d'un mineur. — Les nullités des actes ne peuvent être prononcées que par les tribunaux civils; art. 1134 du Code civil; 635 du Code de commerce; 1004 du Code de procédure. — Nº 10. De la preuve des transmissions de propriété; présomptions légales, de l'autorité de la chose jugée; des actes authentiques et des actes sous signatures privées dont l'écriture est reconnue; art. 12 de la loi du 22 frimaire an 7. — Tout ce qui est relatif à l'établissement et à la perception des impôts doit résulter de la loi; l'arbitraire du juge serait une tyrannie. — Nº 11. Le droit proportionnel est établi pour les obligations et libérations; art. 69, § 3, nº 3 et § 2, nº 11 de la loi du 22 frimaire an 7. — Nº 12. De l'extinction des obligations en général portant transmission de propriété, obligation, libération de sommes : événement de la condition suspensive; option d'une alternative; subrogation légale; imputation à une certaine obligation du débiteur; remise volontaire de la dette, compensation; subrogation conventionnelle; novation; cession de biens soit volontaire, soit forcée; atermoiement; dation en paiement. — La confusion, la perte de la chose, la prescription, éteignent les obligations sans donner lieu au droit proportionnel. — Nº 13. Des dommages et intérêts résultant de l'inexécution des conventions; art. 69 de la loi du 22 frimaire an 7, § 5, nº 8; et 11 de la loi du 27 ventose an 9, art. 1383, 1147, 1699 du Code civil. — Indemnités, 552, 555, 658, 682, 1403, 1406, 1744, 1745, 2000 du Code civil; art. 69 § 2, n° 8 de la loi du 22 frimaire an 7. — N° 14. Le droit proportionnel est établi pour les condamnations, collocations, liquidations; art. 69, § 2, n° 9 de la loi du 22 frimaire an 7. — Rigueur de la loi fiscale; art. 759 du Code de procédure, art. 656, 657, 749, 750, 665, 670, 759, 767 du Code de proc. art. 69, § 2, n° 9 de la loi du 22 frimaire an 7; abus de fiscalité. — N° 15. Du droit de transcription, art. 54 de la loi du 28 avril 1816; art. 2181 du Code civil; différence entre le droit de transcription et le droit de transmission; art. 1185, 1184; nullités radicales, résolutions, rescision des contrats.

§ 2. Les quotités du droit proportionnel doivent être fixées par une loi, selon la nature des contrats et des objets transmis. — N° 1. Le droit proportionnel étant une quotité proportionnée à la valeur de l'objet transmis, il faut nécessairement connaître cette valeur pour déterminer la quotité du droit. La loi doit désigner la transmission passible du droit. Il n'y a pas un droit proportionnel pour les transmissions innomées; perceptions illicites, enfant naturel, usage, commodat. — N° 2. Distinction des biens d'après la loi civile, livre 2 du code; art. 9 de la loi du 22 frimaire an 7. Jurisprudence de cet article.

§ 3. N° 1. Il faut déterminer la valeur sur laquelle on doit asseoir le droit proportionnel. Tout ce qui est dans le commerce a une valeur. — L'argent de cours est notre terme de comparaison; titre 2 de la loi du 22 frimaire an 7. — De l'objet et de la cause d'une obligation; art. 10 de la loi du 22 frimaire an 7. — Des rentes constituées; singularité à ce sujet. Mode d'évaluer les objets transmis; sommes énoncées; déclarations des parties; des baux courans; décret du 26 avril 1808. — N° 2. Des charges à distraire ou à ajouter. — N° 3. La loi détermine la valeur des objets transmis, en distinguant les meubles des immeubles, art. 14 et 15 de la loi du 22 frimaire an 7; inutilité de cette distinction; autre distinction à faire entre les baux à loyer ou à ferme et les baux à cheptel; art. 14, n° 1; 69, § 1, n° 1 de la loi du 22 frimaire an 7; art. 1 de la loi du 16 juin 1824; art. 1805 et 1828 du Code civil. Erreur de la loi du 16 juin 1824. — N° 4. Du droit d'usufruit; réservé par le vendeur; art. 15, § 6 de la loi du 22 frimaire an 7; deux inconvéniens résultent de la rédaction de la loi, 1° elle a deux modes de percevoir pour des transmissions de même nature et identiques; 2° elle donne lieu à la perception du droit proportionnel, lorsqu'il est très douteux qu'il y ait transmission de propriété. — N° 5. Il peut y avoir erreur, fausse éva-

luation dans la manière de déterminer la valeur des objets transmis; comment rectifier l'erreur et se préserver de la fraude; art.
1674 du code civil; 17 de la loi du 22 frimaire an 7; art. 323
du code de procédure; arrêts de la cour de cassation.— N° 6.
De la liquidation du droit proportionnel, art. 5 de la loi du 22
frimaire an 7, art. 23 de la loi du 27 ventose an 9, art. 53 de la
loi du 28 avril 1816, art. 68, n°s 46, 47, 48, § 1, et n° 7 § 3 de
la loi du 22 frimaire an 7.

CHAPITRE III.

Page 84.

Des différentes transmissions de propriété passibles du droit fixe ou
enregistrées gratis. Tout privilége, en matière d'impôt, devient
une surcharge pour le contribuable qui n'est pas privilégié;
l'exemption doit être pour cause d'utilité publique. — § 1. Des
échanges de biens ruraux contigus.—Ce qu'on doit entendre par
immeubles ruraux, art. 517, 1766, 1774, 1775, 1776 du code
civil; 682 du code de procédure, 1709 du code civil, 687 id.
Des immeubles contigus, du maximum de la valeur exempte du
droit proportionnel.

§ 2. Biens situés en pays étrangers ou dans les colonies françaises,
où le droit d'enregistrement n'est pas établi; art. 14 du Code
civil; art. 58 de la loi du 28 avril 1816, art. 4 de la loi du 16
juin 1824; avis du conseil d'état des 6 vendémiaire an 14 et 15
novembre 1806.

§ 3. Des polices d'assurances maritimes; art. 51 de la loi du 28
avril 1816 et 5 de la loi du 16 juin 1824.—Des actes de prêts
sur dépôts ou consignation de marchandises; art. 95 du Code de
commerce; art. unique de la loi du 8 septembre 1830. Ventes de
marchandises avariées par suite d'événemens de mer; art. 56 de
la loi du 21 avril 1818. Ventes de navires; art. 64 même loi.

§ 4. Actes d'acquisitions, donations et legs faits en faveur des départemens, arrondissemens, communes; hospices, séminaires, fabriques, congrégations, consistoires et autres établissemens publics
légalement autorisés; art. 7 de la loi du 16 juin 1824; arrêté du
gouvernemént du 15 brumaire an 12; loi du 7 pluviose an 12;
art. 11. 81 du décret du 18 février 1809; art. 175 du décret du 30
décembre 1811; art. 67 du décret du 6 novembre 1813. Toutes
ces dispositions abrogées par l'art. 17 de la loi du 18 avril 1831.

§ 5. Les acquisitions et échanges faits par l'état; les partages des
biens entre lui et des particuliers, et tous autres actes faits à ce
sujet; les actes de poursuite pour sommes dues à l'état sont enregistrés gratis; art. 70 de la loi du 22 frimaire an 7.

CHAPITRE IV.

Page 92.

Des droits en débets; art. 70, § 1, n° 5 de la loi du 22 frimaire an 7. Le fisc qui s'est montré généreux envers des congrégations religieuses et des séminaires, s'attache, comme la rouille, aux fers des citoyens que la religion et la morale devaient rendre meilleurs. — Des frais de justice; décret du 5 pluviose an 13, loi du 5 septembre 1807. Contre tant de fiscalité le prévenu trouve souvent son refuge dans la philanthropie du ministère public qui accuse, ou de l'avocat qui défend. — Funeste conséquence des exigences du fisc.

CHAPITRE V.

Page 95.

Du paiement des droits et de ceux qui doivent les acquitter. § 1. L'enregistrement des actes est-il comme leur transcription au bureau des hypothèques une formalité nécessaire à la conservation des droits acquis, art. 1328, 1336 du Code civil; la loi fiscale rattache le paiement des droits à des faits qui font considérer l'impôt comme nécessaire : les conventions revêtues de l'authenticité, les actes à produire en justice, à mentionner dans des actes authentiques, doivent être enregistrés; art. 56 de la loi du 28 avril 1816; 13 de la loi du 16 juin 1824; art. 28 et 29 de la loi du 22 frimaire an 7; art. 37 de la loi du 22 frimaire an 7 et 38 de la loi du 28 avril 1816. — Les actes sous signatures privées ne doivent être enregistrés qu'autant qu'ils portent transmission de propriété, d'usufruit, de jouissance d'immeubles; art. 22 et 23 de la loi du 22 frimaire an 7, et à défaut d'écrits les parties ne doivent faire de déclaration à la régie que des transmissions de propriété ou d'usufruit; art. 4 de la loi du 27 ventose an 9. — Pour les successions; art. 15 et 24 de la loi du 21 frimaire an 7.

§ 2. Des offres et consignations de droits que doivent faire les contribuables qui requièrent l'enregistrement; art 28 de la loi du 22 frimaire an 7. Arbitraire du fisc, conséquences de cet arbitraire, formalités imposées aux fonctionnaires publics par la loi fiscale.

CHAPITRE VI.

Page 104.

Des délais pour l'enregistrement des actes et déclarations. Huissiers, notaires, greffiers; art. 20 de la loi du 22 frimaire an 7. Actes privés ; art. 4 de la loi du 27 ventose an 9. Successions ; art. 25 de la loi du 22 frimaire an 7. Le code de procédure est moins rigoureux ; art. dudit code, 1033, 1037. Art. comparé, 68. § 1er. N° 40 de la loi du 22 frimaire an 7.

CHAPITRE VII.

Page 105.

Des peines pour défaut d'enregistrement et des paiemens de droits. — Nul impôt, nulle peine sans loi ; art. 38 dé la Charte et 4 du code pénal. Les nullités ne peuvent être établies que par la loi ; d'Aguesseau ; de la combinaison de ces principes résulte le système pénal établi par les lois sur l'enregistrement.—§ 1er. De la nullité des actes comme peine fiscale ; art. 34 de la loi du 22 frimaire an 7 et 40 de la même loi ; art. 1321 du code civil qui abroge l'art. 40 mentionné ; arrêts de la cour de cassation. — § 2. Des peines pécuniaires. Pourquoi ne pas arrêter les rigueurs de la loi, lorsqu'elles peuvent frapper des tiers.—Faillite, successions, art. 38 et 40 de la loi du 22 frimaire an 7. — Des doubles droits exigés pour des plus values données par suite d'expertises à des immeubles ; art. 17 et 19 de la loi du 22 frimaire an 7 ; art. 5 de la loi du 27 ventose an 9. Une plus value d'un centime constatée par expertise donne lieu à une peine ; arrêts de cassation. Amendes. L'une de dix francs qui comprend toutes les anciennes amendes progressives et les amendes fixes de cinquante francs ; l'autre de cinq francs qui comprend les anciennes amendes au-dessous de cinquante francs. Elles sont disproportionnées soit comme indemnité soit comme peine.

CHAPITRE VIII.

Page 113.

Des actions en recouvrement des droits et des peines pécuniaires, et des instances. § 1er, art. 28, 64 de la loi du 22 frimaire an 7 ; 17, 19, 32 de la même loi. Contrainte, expertise, droit de suite sur les revenus des biens à déclarer ; avis du conseil d'état des 12 mai et 1er juin 1807, qui consacrent un principe, que l'art. 1041 du code de procédure n'abroge pas les formalités prescrites par nos lois fiscales. § 2. Des contraintes ; 63, 64 de la loi du 22 frimaire an 7, 61 du code de procédure ; art. 61, 64 de la loi du 22 frimaire an 7. — § 3. De la demande en expertise ; art. 17, 61, 18 de la loi du 22 frimaire an 7 ; dans quels cas doit-on avoir recours au code de procédure ? dans cinq cas.—§ 4. Du droit de suite que la régie peut exercer sur certains biens.—§ 5. De

l'instruction des procès de la régie; art 65 de la loi du 22 frimaire
an 7; 17 de la loi du 27 ventose an 9. La régie est toujours défenderesse; art 56 de la loi du 22 frimaire an 7.

www.ingramcontent.com/pod-product-compliance
Ingram Content Group UK Ltd.
Pitfield, Milton Keynes, MK11 3LW, UK
UKHW021225140726
13695UKWH00002B/765